사춘기라 그런 게 아니라 우울해서 그런 거예요

사춘기라 그런 게 아니라 우울해서 그런 거예요

양곤성 지음

팜파스

내 마음이 먼저입니다

이 책을 펼친 당신은 한때 우울감으로 괴로워했거나, 지금 이 순간 우울감에 빠져 있을지 몰라요. 우울감에 빠진 친구, 가족을 도우려는 마음으로 책장을 열었을 수도 있죠. 어쩌면 그저 스쳐 지나가는 호기심에 이 책을 폈지도 몰라요.

아픔, 괴로움, 안타까움, 혹은 우연, 어떤 이유건 용기를 내어 이 책을 펼친 십 대 여러분에게 삶에 대한 응원과 위로부터 건네고 싶습니다. 정도는 다르지만 우리 모두 살면서 힘든 시간을 겪어요. 태어나면서부터 어른인 사람은 아무도 없으니까요. 누구나 서툴고, 상처를 입고, 아파하고, 가끔은 어린아이처럼 펑펑 울고 싶을 때가 있어요.

하지만 현실에서 십 대에게 주어진 삶은 언제나 정신없이 바쁘기 때문에 상처 입은 마음을 보듬을 시간도, 울고 싶은 대로 주저앉아 울 틈도 없을 거예요. 그래서 지금 참고, 견디고, 잊어버리는 삶을 되풀이하는 친구들이 아주 많이 있을 거예요. 그러면서 한편으로 '이렇게 하는 것이 현실적으로 사는 거야.'라고 나 자신을 설득하지요. 하지만……

괴로운 자신을 외면하는 현실만큼 비현실적인 삶은 없어요.

당신이 살아 있는 이유는 아주 분명해요. 바로 '행복하기 위해서'예요. 과거의 상처가 자신을 괴롭히고, 현재 주변 환경이 힘들게 하고 무거운 요구들이 어깨를 짓눌러도. 아무리 봐도 내 현실은 '나는 불행해지려고 태어난 것 같다.'고 말하는 것 같아도. 이 사실은 절대 변하지 않아요.

당신은 행복하기 위해서 살고 있어요.

만약 지금까지 삶의 다양한 거짓말에 속아 왔다고 해도 지금부터 저와 함께 다시 시작하면 돼요. '나는 행복하기 위해 살고 있어.'라는 사실을 인정하고 받아들이는 순간 당신은 행복한 삶을 향한 출발선에 서 있을 거예요. 이 출발선은 또한 여러분이 도달해야 할 도착점이기도 해요. 이 믿음을 포기하지 마세요. 확고하게 만드세요. 이 믿음을 포기하지 않는다면, 여기까지 힘겹게 걸어온 길과 앞으로 걸어갈 길 위에는 당신이라는 빛이 가득 차게 될 거예요.

이 책에 등장하는 이야기들은 실제 사례를 바탕으로 이루어졌어요. 그렇기 때문에 천천히 따라가다 보면 여러분의 이야기와도 만나게 될 거예요. 나의 우울, 우울감이 부끄러워서, 혹은 걱정을 끼칠까 봐, 부모님, 선생님, 친구들에게 말하지 못했던 고민을 만나 보았으면 해요. 이 만남을 통해 여러분이 위로받고, 행복에 한 발자국 더 다가갈 수 있기를 진심으로 기원합니다.

contents

part one

십 대,
이러니
우울할 수밖에
없다구요

part one

십 대,
이러니 우울할 수밖에
없다구요

우물 안 개구리-
왜 나만 힘들고 우울해요?

중3 정현이 이야기

얼마 전에 저는 시험을 망쳤어요. 그 일로 요즘 잠도 잘 안 와요. 이때 시험 성적이 정말 중요하다고 하는데 더 잘 봐도 모자랄 판에…… 전 진짜 답이 안 나와요. 아무리 생각해도 저 자신이 잉여 인간이라고 느껴져요. 아마 부모님도 그렇게 생각할걸요.

다들 깔깔거리며 재밌게 사는데…… 저는 학교에서도 온종일 멍하니 있어요. 영화나 드라마를 봐도 하나도 재미없고요. 노래를 들어도 별 감정이 들지 않아요. 때때로 자살도 생각해요. 고통만 없으면 죽고도 싶지만 아픈 건 너무 무서워요. 이 얘기를 주변에 말하면 비웃어요. 제가 너무 멀쩡해 보이는지 농담처럼 들리나 봐요. 하지만 전 정말 힘들고 고통스러운걸요? 저는 어떤 상태인가요?

정현이의 얘기를 듣고 '나랑 완전 비슷해.'라는 생각이 드나요? 그렇다면 여러분은 우울감을 겪고 있는지도 몰라요. 우울한 감정은 아무 예고 없이 우리를 쳐들어와요. 미처 알아채기도 전에 어느새 내 마음속 깊숙한 곳에 터를 잡고 나를 괴롭히죠.

여러분도 우울이라는 말은 많이 들어봤을 거예요. 그런데 이 우울에 빠지면 어떤 일이 일어나는지 막연하게만 알고 구체적으로는 알지 못하는 친구들이 많아요. 그래서 자신이 우울한지 잘 모르는 경우도 많답니다.

만일 우리가 우울이란 감정에 사로잡히면……

하루하루 사는 것이 힘들고 괴롭게 느껴져요.

친구, 가족 관계, 성적, 나의 미래 모든 것이 쉴 새 없이 불안해요.

'나는 못할 거야. 나는 쓸모없어.'라는 생각이 끊임없이 나를 괴롭혀요.

어떤 노래, 영화, TV 프로그램을 접해도 아무런 감동이 느껴지지 않아요.

잠깐 기분이 나아졌다가도 어느새 다시 바닥으로 곤두박질쳐요.

친구, 가족의 사소한 말이 비수가 되어 내 마음을 찔러요.

이렇게 힘든데 아무도 나의 고통을 몰라요.

아무것도 하기 싫고 스마트폰만 잡은 채 방에서 나오고 싶지 않아요.

나를 이해해 주는 사람은 단 한 명도 없고 세상에 홀로 남겨진 것 같아요.

어때요? 이런 기분이나 감정을 느낀 순간들이 있을 거예요. 우울은 이렇게 우리의 삶에 스며들어 일상의 틈새에서 우리를 괴롭혀요. 그래서 왜 우울한지, 어떤 점이 힘든지 모른 채 지나치는 일도 많아요. 하지만 자꾸 내 우울한 감정을 지나친다면 점점 걷잡을 수 없이 커질 수도 있어요. 자칫 일상이 망가질 정도로 아프게 될 수도 있고요. 그래서 내 마음속 우울감은 꼭 눈여겨봐야만 한답니다.

저는 우울감에 힘들어하는 십 대 친구들을 많이 상담해 왔어요. 그 친구들은 공통적으로 이런 질문을 했지요.

"다들 잘만 지내는 것 같아요. 행복해 보여요.
그런데 왜 나만 이렇게 죽을 것처럼 힘들고 우울할까요?"

이 질문에 저는 이렇게 대답해 주었답니다.

"다른 사람들이 행복해 보이는 이유는
그들이 모두 지나가는 사람이기 때문이에요."

이 말은 프랑스의 소설가 기욤 뮈소가 한 말이기도 해요. 우울에 관한 여러분의 고민에 대해 이보다 현명한 대답은 없다고 생각해요. 여러분이 우울감을 느끼더라도 너무 걱정하지는 마세요. 왜냐하면 당신은 혼자가 아니기 때문이에요.

우리는 모두 우울함을 느껴요. 앞서 말했듯이 일상 어느 순간에 우울감을 느끼고 지나치는 일은 누구나 있어요. 우울한 데는 나이도 관계없고, 성적, 재산도 상관없어요. 전교 1등부터 꼴등까지, 대기업 회장님, 부모님, 선생님, 초·중·고등학생 가리지 않고 모두에게 우울감은 찾아와요.

그런데도 유독 나만 힘들어 보이는 이유는 뭘까요? 우리가 다른 사람의 하루를 면밀히 볼 수 없기 때문이에요. 우리는 다른 사람의 삶을 지나가듯이 볼 뿐이에요. 다른 사람의 아픔을 일일이 알아보기는 어렵답니다. 그렇다 보니 그 사람은 우울이 없는 것만 같고, 나 빼고 모두 잘만 지낸다고 생각하기 쉬운 것이지요.

우울한 감정을 나만 겪는 것 같다면 이렇게 이야기해 주고 싶어요. 우리나라에서 십 대로 살면서 우울감을 느끼지 않기란 불가능하다는 말을요. 온종일 교실에서 공부, 성적, 한정된 친구에 대한 스트레스

로 옴짝달싹할 수 없는 환경에서 살아가고 있으니까요. 그런 여러분에게 무조건 "긍정적으로 생각해. 밝게 살아야지."라고 충고하는 것은 마치 "비가 쏟아져도 단 한 방울도 맞지 말고 등교해!"라고 하는 것과 다름없어요. 현실적으로 말이 안 되는 이야기라는 것이지요.

'무조건적 긍정' 대신에 저는 이렇게 말해 주고 싶어요.

"우울한 게 당연해요. 그러니까 우울해도 괜찮아요."

제가 학교에서 아이들을 가르치고, 상담을 하고, 부모가 된 후에 깨닫게 된 사실은 '모두 약해 빠졌다'라는 것입니다.

대부분의 사람들은 돈 만 원에 화내고, 말 한마디에 삐지고, 무시당하면 상처받고, "너 좋아해."라는 한마디에 눈물이 나고, 치킨 한 마리에 행복해요. 어른들도 그건 마찬가지예요. 다들 그래요. 물론 저도 포함해서요. 우울감을 멋지게 제압하며 사는 사람은 없답니다. 강한 척, 멋진 척하고 있지만 사실 자신에게 좌절하고 실망도 잘하지요.

그중 십 대 청소년들은 훨씬 더 여리고, 상처받기 쉬운 존재예요. 아직 자기감정이 뭔지도 잘 모르고, 감정을 조절해 본 경험도 적어요. 감정에 대한 지식도 많지 않으니 당연하죠. 그러니 우울함에 자책하거나 너무 걱정하지 마세요. 우울은 모든 십 대가 가질 수밖에 없는 감정이에요. 그러니 이 우울감을 마치 없는 것인 양 부정하거나, 절대 우울감을 가져선 안 된다고 생각하기보다는 우울감을 있는 그대로 보고, 현명하게 받아들여야 해요.

　특히 우리나라에서 사는 십 대들이 우울한 이유는 내면보다는 바깥 환경에 더 많아요. 그러니 자신을 탓하지 말고 이야기를 들어 보세요. 지금부터 그 이유를 살펴볼게요.

성적, 시험, 학원,
나는 공부하는 로봇이 아니에요

몸이 안 좋은 건지 도무지 맥을 못 추는 아이에게 쉬는 시간을 이용해 물어보았어요.

"왜 이렇게 피곤해해? 어젯밤에 뭐 했니?"

"숙제하느라 1시에 잤어요."

"피곤할 만하네. 왜 그렇게 늦었어?"

처음에는 아무 생각 없이 물었어요. 하지만 아이의 대답을 듣고는 어떤 말을 해 주어야 할지 몰라 입을 다물었어요.

"저 학원 끝나고 집에 오면 11시거든요."

사실 이 대화만이 아니에요. 방학이 시작하는 날, 아이들에게 "방학인데 어디 놀러 가?"라고 물으면 "학원 특강 때문에 시간 없어요."라는 대답이 돌아와요. 그중 가장 충격적이었던 대답은……

"선생님, 차라리 아팠으면 좋겠어요. 그럼 쉴 수 있잖아요."였어요.
정말 뭐라고 대답해야 할지 생각이 나질 않았어요.

십 대가 우울할 수밖에 없는 첫째 이유를 꼽으라면 단연 너무 많은 공부량이라고 답할 수 있을 거예요. 학원을 다섯 군데씩 다니고, 매일 학원 숙제, 인강, 학교 수행 평가까지 챙겨야 하는 게 청소년들의 일상이죠. 제가 만난 많은 십 대들이 공부에 파묻혀 쉴 틈이 없는 상황이었어요. 만약 저러러 그 아이들과 똑같은 스케줄을 소화하라고 했다면? 저는 아마 멀리 도망쳤을 거예요.

그럼에도 십 대 청소년들은 이렇게 감당하기 힘든 일정을 로봇처럼 따르고 있어요. 정말이지 공부량이 너무 많아요. 혹 부모님, 선생님이 "나 때는 더 힘들었어."라고 말씀하신다면 다 거짓말이라고 알려 주고 싶어요. 부모님들은 중학교에 가서야 알파벳 공부를 시작했어요. 학업 일정이 그랬어요. 하지만 지금은? 다섯 살 때부터 영어 동요를 듣고, 영어 유치원에 가고, 초등학교 3학년 때면 학교에서 영어를 배워요. 물론 그 전에 영어를 선행 학습하는 친구들이 대부분이지요.

어른들이 학교에 다닐 때는 대학 입학을 위해 수능 시험만 준비하면 됐어요. 하지만 지금은? 학교 시험, 수행 평가, 동아리 활동까지 챙겨야 해요. 창의력 수학, 영재 과학, 내신반, 선행반, 논술 같은 무수한 종류의 학원은 그 시절에는 없었어요. 수학, 영어 학원 정도만 있었을 뿐이죠. 그러니 여러분의 공부가 부족하다고 말할 수 있는 어른은 그리 많지 않을 거예요.

누가 뭐래도 여러분은 대한민국 70년 역사상 가장 많은 공부량을 가장 열심히 소화하는 세대예요. 당연히 최고의 스펙을 가졌죠. 또한 우리나라 역사상 가장 스트레스가 심한 세대이기도 해요. 여러분의 할아버지, 부모님, 선생님의 십 대 시절보다 학력만 놓고 본다면 지금의 여러분이 더 똑똑해요. 그런데 역설적이게도 더 고통스럽게 살아요. 한번 볼까요?

십 대 청소년들에게 '공부'는 중요한 과업이에요. 비유를 해 보자면 어른들은 일을 하고 십 대 여러분은 공부를 하지요. 하지만 OECD에서는 성인에게 하루 8시간 노동을 권장해요. 많은 어른이 그 기준에 따라 일하지요. 그런데 우리나라에서는 성인보다 약하고 여린 여러분에게 하루 14시간 '공부'를 당연하게 강요하고 있어요. 이런 것이 정상일까요? 아마 어른들한테 여러분과 똑같은 양의 공부를 시키면 두 손 들고 도망갈 거예요.

편히 쉬고, 놀고, 잠잘 자유를 뺏긴 여러분은 지금 지쳤어요. 기껏 짬을 내서 쉴 때도 '아, 다음 주에 학원 시험 있는데……'라는 걱정들을 놓을 수 없어요. 이렇게 쉬지 못하고 피곤과 스트레스가 쌓여만 간다면 어떻게 될까요? 주저앉을 수밖에 없죠. 너무 지쳐 힘도, 의욕도 없는 상태가 되어 버려요.

이렇게 무기력한 상태를 전문 용어로, '번아웃 증후군(Burnout Syndrome, 탈진 증후군)'이라 불러요. '번아웃'은 자동차의 연료가 다

타버린 상태를 뜻해요. 어느 순간 마치 불에 다 타버린 재처럼 무기력해진 적 있나요? 그렇다면 여러분은 지금 번아웃 증후군에 빠진 것일지도 몰라요.

번아웃 증후군은 공부를 안 해도 걸릴 수 있어요. 시험 전날은 놀아도 힘든 것처럼 공부에 대한 스트레스가 너무 심하면 번아웃 증후군이 나타나요. 그리고 앞서 말했듯이 우리나라 청소년들은 공부에 대한 압박감이 크고, 스트레스를 많이 받는 환경에서 살아가고 있고요.

이런 지친 마음에 파고드는 것이 우울이에요. 번아웃 증후군은 심각한 우울증으로 발전할 수도 있어요. 어떤 세대보다 열심히 공부하고, 최선을 다한 결과가 번아웃과 우울이라니 얼마나 억울한 일인가요? 상담실에서 만난 친구들에게 제가 해 줬던 말이 있어요.

"최선을 다하지 않으면 어때? 넌 로봇이 아니니까. 사람이잖아. 잠자고, 먹고, 게임하기 좋아하는 사람."

만일 최선을 다하는 것이 중요하다는 미명 하에 공부에 끝도 없이 내몰리는 상황이라면, 여러분은 최선을 다하지 않아도 괜찮아요. 오히려 이런 상황이라면 공부에 최선을 다하는 일이 때론 나에게 최악의 일이 될 수 있어요. 여러분은 로봇이 아니라 사람이니까요. 공부하는 로봇은 마음이 없어서 상관이 없을지도 모르지만, 여러분은 감정을 가지고 마음을 키우며 살아가는 사람인걸요?

공부보다 더 소중한 건 자기 자신이라는 것을 결코 잊지 마세요.

비교를 안 당하고
살 수는 없나요?

네 친구는 어느 대학 갔어?

네 형은 너만 할 때 벌써 다 뗐어.

네 학원 수학 진도는 어디쯤이니?

○○은 잘하던데…….

누구나 이런 말을 들어 본 적이 있을 거예요. 어른들이 그냥 인사말처럼 흔히 하는 말이기도 하니까요. 하지만 듣는 당사자들은 이런 말을 떠올리기만 해도 턱하니 숨이 막히죠.

왜 그럴까요? 어른들은 항상 나를 누군가와 비교해요. 십 대가 우울할 수밖에 없는 두 번째 이유는 바로 이 '비교하는 문화'에 있습니다. 비교는 사람을 있는 그대로 바라보지 못하게 만들어요. 늘 누군가보다 쳐지거나 우위에 있는 존재로 만들어요. 그렇기 때문에 당사자를 숨 막히게 만들고 때로는 비참한 기분이 들게 하지요. 제가 성적 문제로 상담했던 친구 중 대부분이 진짜 괴로웠던 이유는 나쁜 성적 때문이 아니었어요.

"또 걔랑 비교당할 생각을 하니 죽어 버리고 싶어요."

아이들은 다른 무엇보다도 '누군가보다 못했다. 졌다. 비교당한다'는 사실을 두려워했어요. 앞으로도 수년간 수십, 수백 번씩 비교당할 생각에 덜덜 떠는 친구들도 있었어요. 비교에는 끝이 없기 때문이에요. 만약 나보다 잘하는 아이를 이긴다고 해도 그건 잠시뿐, 더 잘하는 친구가 나타나요. 혹은 내가 최고라 해도 누가 나를 이길 수 있다는 불안감에 마음 편히 즐기지 못하는 상태가 되기도 해요.

비단 성적만 비교의 대상이 되는 것은 아니에요. 또한 어른들만 비교를 하는 것도 아니고요.

'쟤 잘나가? 내가 쟤보다는 키 커. 쟤보단 내가 예뻐. 쟨 못살아. 찐따야.'

십 대 여러분도 친구 사이에 다양한 주제로 서로 비교하며 상처를 준 적이 있을 거예요. 비교를 당한다는 것이 얼마나 기분 나쁜지 알면서도 우리는 인기, 외모, 키, 몸무게, 성적, 직업, 재산 등을 서로 끊임없이 비교합니다. 비교를 하면서, 동시에 비교당할까 두려워하는 것이지요. 내가 혐오하는 행동을 내가 실천하는 현실이 서글프게 느껴지기도 합니다. 그만큼 우리는 비교에 물들어 있어요.

사실 비교 자체를 나쁘다고 볼 수는 없어요. 무언가와 견주는 행위에 좋고 나쁨을 논할 수는 없으니까요. 다만, 비교를 통해 사람의 가치를 함부로 평가할 때 문제가 돼요. 어느 나라나 그런 일은 있지만 유독 우리나라의 비교 문화에는 사람의 가치를 평가하는 면이 두드러져요.

우리 사회는 사람의 가치를
외적 조건(돈, 외모, 직업, 성적)에 따라 평가하곤 해요.

한번 생각해 볼까요? 우리 집에 치킨을 배달해 주는 사람을 우리는 어떻게 대하고 있나요? 배달이라는 일을 하는 한 명의 사람으로서 존중하고 있나요? 배달부는 치킨을 전해 주는 배달 도구가 아니에요. 그저 배달 일을 하는 한 명의 사람이랍니다. 여러분도 공부하는 로봇이 아닌 것처럼요. 부모님도 돈 버는 기계는 아니에요. 배달부, 학생, 부모이기 전에 한 명의 사람이에요. 그런데 우리 사회에서는 사람을 배달부, 공부 기계, 돈 버는 수단으로 여기고 인간성을 배제한 채 대하는 일이 많아요.

사람을 사람이 아닌 직업으로 볼 때 그 인간적인 가치는 잊힙니다. 배달부가 얼마나 예의 바른지, 가족을 사랑하는 사람인지에는 관심을 두지 않죠. 만일 '배달 일은 하찮다'는 편견이라도 가지고 있다면, 그 배달부를 하찮은 존재로 취급해버리고 말겠지요.

마찬가지로 십 대 여러분의 가치는 성적으로 평가되기 쉬워요. 여러분이 가족을 사랑하고, 친구를 아끼는 마음은 1등이 찍힌 성적표 앞에 기를 못 폅니다. 좋은 성적이 곧 훌륭한 학생이 되는 것일 테니까요.

친구들 사이에서는 주로 외모, 키, 말발로 평가받지요. 돈, 직업, 외모, 성적 같은 겉모습 앞에 우정, 사랑, 가족애 같은 인간적인 가치는 초라해지기 쉬워요. 그런 인간적인 가치는 잘 확인하기가 어렵기 때문이에요. 겉모습은 누구나 다 알아볼 수 있기 때문에 비교하기가 편한데 말이지요. 누가 더 친구를 아끼는지는 알기 힘들어도 누구 점수가 높은지, 누가 돈이 많은지는 쉽게 비교할 수 있으니까요.

이처럼 사람을 외적 요소로 비교해 평가하는 문화는 모두 저를 포함한 어른들의 잘못이에요. 그런데 실상은 잘못한 어른보다 십 대 여러분이 더 고통받고 있어요. 어른들은 자신들은 비교당하기 싫어하면서 십 대들에게는 어리다는 이유로 함부로 비교해 평가하니까요.

하지만 어리다고 상처를 덜 받는 게 아니잖아요. 오히려 어리니까 더 크게 상처 입고 우울해져요. 제가 더 마음이 아픈 건 십 대 여러분도 이런 비교를 당연하게 받아들인다는 거예요. 자신의 우울감이 비교 문화 탓인지 알지도 못한 채 우울해하고, 누가 시키지 않아도 스스로 겉모습을 비교하고, 평가해요.

'그래도 내가 더 공부 잘하지.

쟨 예쁜데 난 왜 이리 뚱뚱하지.

쟤는 말을 늘 어리바리하게 하니까 같이 놀지 말아야지.'

어떤가요? 생각만 해도 마음이 지치고 힘 빠지게 만드는 우울의 말들이에요.

앞으로 10~20년 후에는 십 대 여러분이 우리 사회의 중심이 될 거예요. 그때는 성적, 외모, 직업으로 남과 비교하지 않고 그 사람을 있는 그대로 존중하고 가치 있게 여기는 사회가 만들어졌으면 좋겠어요. 아픈 친구의 가방을 들어 주고, 우울한 친구를 말없이 안아 주는 따뜻한 마음을 더 소중히 여기는 사회가 되었으면 좋겠어요. 그러려면 여러분에게 나타난 우울이 비교 때문에 생긴 거라는 걸 잘 알아채야 해요. 그리고 현명하게 비교의 늪에서 벗어날 줄 알아야 한답니다.

나도 인싸가
되고 싶어요

선생님, 중2 때부터는 꼭 인싸가 될 거예요. 만만하게 보이지 않으면서 인싸가 되는 법 좀 알려 주세요.

노란 개나리꽃이 피는 3월은 모든 십 대가 부푼 가슴을 안고 새롭게 시작하는 달이죠. 또한 걱정이 많아지는 달이기도 해요. 어떻게 단짝을 만들지, 인싸 그룹에 들어갈지, 혹시 아싸가 될지 불안합니다. 십 대들이 우울한 이유를 여기서도 찾을 수 있어요. 바로 인싸, 아싸 문화예요. 인싸(Insider)는 무리 내에 인기 많은 이를 일컫는 말이고, 아싸(Outsider)는 인싸의 반대, 그러니까 무리에서 겉도는 이를 칭해요.

십 대는 친구들을 통해 자신의 정체성을 확인하는 시기입니다. 그러니 모두의 마음속에는 인싸가 되어 자신의 존재감을 만끽하고 싶은 욕망이 있어요. 하지만 정말 인싸라고 불릴 수 있는 아이들은 몇 명 되지 않아요. 대다수의 친구는 보통 평범한 친구 관계를 갖습니다.

그런데 요즘은 '인싸'가 되지 못하면 바로 '아싸'란 꼬리표가 붙습니다. 심지어 평범한 학생들이 스스로 자신을 아싸로 정의하기도 해요. 자신을 아싸라고 생각하는 친구들은 인싸들이 노는 모습을 보면 부럽고 질투도 납니다. 인싸 그룹에 끼지 못한다는 생각에 열등감이 생기기도 하지요. 인싸 아이들이 모여 '난 진짜 아싸 같아. 너 진짜 아싸야. ㅋㅋ'라는 식으로 코스프레하듯이 아싸를 조롱하는 모습을 보면 정말 화나요.

'모두가 부러워하는 그룹의 중심이 될 거야.'

십 대 시기에는 특히 이 욕망이 불타올라요. 그래서 아싸에 속하거나 인싸가 되지 못하면 더 불안하고 우울감을 느끼죠. "선생님 그 그룹에 못 끼면 전 끝장이에요."라고 말하는 친구도 있었어요. 울 것 같은 표정이 정말 안쓰러웠어요. 3월 무렵에 제가 가장 많이 받는 질문이 "인싸 되는 법 좀 알려 주세요."였을 정도예요. 그럴 때 저는 이렇게 대답해요.

"쌤 아싸인데? 그래서 잘 몰라. 근데 쌤은 아싸인 게 편안한데, 넌 어떠니?"

저는 집돌이인 데에다가 사람이 많은 곳은 싫어해요. 그러니 인싸라기보다는 아싸라고 볼 수 있겠죠? 그런데 제가 보기에는 이렇게 인싸와 아싸로 나누는 문화 자체가 조금 이상합니다. 사람을 어떻게 딱

둘로 나누나요? 검은색과 흰색 사이에는 회색, 노랑, 파랑 등 무수한 색이 있죠. 우리도 마찬가지예요. 어느 날은 친구가 그립다가도 어느 날은 아무도 만나기 싫고 만나는 게 귀찮아지기도 하거든요. 우리의 모습이 얼마나 다양한데요. 굳이 나를 한쪽으로 규정할 필요는 없어요. 그러니 그런 생각에 사로잡히지 않았으면 해요.

또한 이 문제에는 은연중에 '인싸는 좋고, 아싸는 나쁘다.'와 같은 생각이 담겨 있어요. 인간관계를 '사회성'이라는 항목으로 점수를 매기듯이 평가하고 비교하려는 인식이 들어 있는 것이지요.

하지만, '인싸'나 '아싸'는 좋고 나쁨, 점수, 평가할 거리가 아니에요. 그냥 '취향'의 차이지요. 누구는 인싸여서 만족감을 느끼지만, 누구는 아싸여서 편안하고 행복해요. 제가 그래요. 저는 혼영, 혼밥을 좋아하고, 친구를 만날 때는 많은 사람과 한꺼번에 만나는 것보다는 둘이나 셋이 딱 좋다고 생각해요. 다섯 명이 넘어가면 피곤하다는 생각도 들어요. 이런 성향이 나쁘고 못난 것일까요? 아니요, 짜장 / 짬뽕, 부먹 / 찍먹처럼 그저 취향일 뿐이에요.

"어떻게 하면 인싸가 될까요?"는 답보다 질문을 먼저 바꿔야 해요. 인싸가 되는 방법보다 더 중요한 것이 바로 이것이거든요.

"나는 어떨 때 편안하고 행복할까?"

아싸여도, 친구가 적어도, 혹은 친구가 없어도 상관없어요. 내가 가장 좋고 편한 관계를 찾으면 되는 거예요. 이것에 더 집중해 인간관계를 맺어 나가는 것이 좋아요. 나에게 맞는 방식으로 관계를 맺고, 무리에서 자리해야 더 즐거운 인간관계를 맺어 나갈 수 있거든요. 그러려면 우선 내가 어떤 취향인지 알아야 하죠. 어차피 이 세상의 중심은 결국 나예요. 나의 행복을 남이 느껴 줄 수는 없으니까요.

만약 나한테 아싸의 성향이 많은데, 무리하게 인싸가 되려고 한다면? 삶이 피곤해지고 인간관계가 짐처럼 느껴질 거예요. 어떤 친구들은 성격과 맞지 않게 인싸가 되려고 과장되게 행동하다가 평생 이불

킥할 거리를 만들기도 하죠. 이와 관련된 인터넷 명언이 있어요. '인싸가 되려는 조급함이 아싸가 되는 지름길.'

자신과 맞지 않게 행동하다 우울감에 빠질 수도 있어요. 나와 맞지 않는 옷은 남들 눈에 잠깐은 멋있게 보일 수 있어도 시간이 갈수록 불편해져요. 지금 당장 인기 그룹에 들어가지 않으면 세상이 두 쪽 날 것처럼 불안했는데, 막상 그룹에 들어가니 힘들고, 불편했던 경험이 있을 거예요. 그리고 솔직히 지금 친구들의 대부분은 1년만 지나도 서로 어색해질 사이예요. 3년 동안 나와 진짜 잘 맞는 친구 한두 명도 만들기 힘들어요.

그러니 인(In), 아웃(Out)이란 틀에서 벗어나 그냥 '내가 어떻게 해야 진짜 행복할지'를 찾길 바라요. 누가 뭐래도 우주의 중심은 바로 '나'이니까요.

SNS를 보면 다들 멋지게 사는데 나만 초라해요

다른 친구들은 페이스북에 친추도 많이 오고, 사진도 근사해요. 데이트도 많이 다니는 것 같고 쇼핑이나 여행도 자주 가는 것 같아요. 예쁜 데만 가는지 사진이 너무 멋져요. 다들 이렇게 재밌게 노는 사진이 많이 올라오는데, 저는 완전 찐따 같아요. 사진도 찍을 게 없고 구질구질해요. 친추 등록도 안 오고 제가 친추 걸어도 다들 씹어요. 정말 죽고 싶어요. ㅠㅠ

십 대가 우울할 수밖에 없는 이유, 네 번째는 SNS입니다. SNS를 하지 않는 십 대들은 아마도 없을 거예요. 그러다 보니 우리는 학교의 인간관계를 관리하는 것도 힘든데 SNS라는 가상 세계에서 맺어지는 관계에서까지 스트레스를 받고 있어요. 친구의 인스타를 가 보면 화려한 사진 아래 "너무 행복해 보여!", "남친 멋있다.", "와~ 그 옷 어디서 샀어?", "연락해." 같은 댓글이 줄줄이 달려 있지요. SNS에서 보는 친구의 삶은 참 멋져요. 그 안에는 지치거나, 지루하거나, 우울한 일 따위는 없어요. SNS를 보면 볼수록 '부럽다……'로 시작된 감정은 이렇게 변해요.

'그런데… 난 뭐지……'

인스타, 페북, 유튜브 등 SNS가 만들어진 이래로 우리는 '전시된 삶'에 익숙해졌어요. 내 삶을 남에게 보여 주고, 다른 사람의 삶을 엿보는 게 일상이 됐지요. 방송 프로그램 가운데서도 〈나 혼자 산다〉, 〈슈퍼맨이 돌아왔다〉와 같은 관찰 예능이 유행하는 것도 같은 맥락이라고 볼 수 있어요.

SNS, TV, 유튜브에서 보이는 남들의 일상은 성공과 행복, 예쁨과 멋짐이 넘쳐나요. '좋아요'가 눌러진 숫자가 이 모든 것을 인증해 주지요. 이따금 다른 사람의 SNS를 보며 내가 하지 못하는 활동과 체험을 대리 만족하기도 합니다.

하지만 그건 잠시일 뿐 곧 소외감과 열등감이 몰려오지요. SNS가 없던 과거 시절에는 느낄 수 없었던 이 감정은 우울을 불러와요. 실제로 SNS를 많이 사용할수록 우울증에 걸릴 확률이 매우 높아진다는 연구 결과도 많답니다.

SNS를 들여다보는 시간이 길어질수록 우리는 우울에 빠지기 쉬워지지만 도저히 SNS를 끊을 수가 없습니다. '좋아요'는 나눌수록 커지니까요. 내가 '좋아요'를 누르는 만큼 보답처럼 그 사람도 내 게시물에 '좋아요'를 눌러 주니까요. 또 혹시 나만 빼놓고 뭔 얘기를 할지 겁이 나서 불안하기도 합니다.

그런데 잠시만 SNS를 끄고 생각해 볼까요?

SNS에 행복이 너무 넘쳐나고 있다고 생각하지 않나요? 여러분 주변에 이렇게 행복한 사람이 많은가요?

여러분이 올리는 게시물 속 여러분의 행복은 진짜인가요?

영국에서 재미있는 여론 조사를 했습니다. 질문은 '페이스북에 진실만을 올리나요?'였어요. 조사 결과, 놀랍게도 네 명 중 한 명은 한 달에 한 번 이상 '가짜 게시물'을 올린다고 대답했죠.

가짜 게시물의 내용이 참 재밌어요. 집에 있었으면서 시내에 놀러 온 척하기, 멋진 곳에 휴가 간 척하기, 직장·일·학교생활이 즐거운 척, 보람된 척하기 등이었죠. 이 가짜 게시물들을 올린 목적은 모두 '행복한 척, 성공한 척하기'였어요.

조사 결과가 말해 주듯이, SNS는 이미 누가 더 멋지고 행복한가를 경쟁하는 장이 되어 버린 것 같아요. 남들의 '행복한 척'을 보면 나는 '더 행복한 척'해야 해요. 질 수 없으니까요. SNS 세상에서 경쟁 상대는 전 세계 사람들이에요. '좋아요', 친추 숫자를 실시간으로 확인하는 전투 속에서 당신은 지쳐갑니다. 이것이 SNS에 빠질수록 우울해질 수밖에 없는 이유입니다.

제가 만난 많은 친구가 이와 비슷한 말을 했어요.

"댓글이 안 달릴까 봐 불안해요. 새로 고침을 끊임없이 눌러요."

친구들은 SNS에서만큼은 인싸여야 되고, 뒤처질 수 없다는 압박을 받고 있었어요. 화려한 겉모습으로 현실의 어두움을 가리는 눈속임이 가득한 SNS란 전시장에 갇힌 친구들이 많아요. 만약 여러분도 그 세상에서 우울감을 느낀다면 잠깐 현실로 나와 보세요. 실제 친구 얼굴을 마주 보고 이야기해 보세요. 그럼 알아챌 수 있을 거예요.

SNS의 모습과 실제 모습은 달라요. SNS가 실제라면 세상은 행복, 웃음만 가득한 천국이어야 하는데 현실은 그렇지 않잖아요. 누구도 SNS에서처럼 즐겁기만 한 삶을 살지 못해요. 우리는 모두 각자의 아픔, 상처, 부끄러움을 안고 살아가고 있어요. 그것들을 SNS에서는 드러내지 않을 뿐이죠.

화려한 SNS를 운영하는 친구 역시도 힘들고, 지치고, 서툴고 실패하는 일상을 살아가요. 나의 일상처럼 말이에요. 그런 장면을 SNS에 올리지 않을 뿐이에요. 혹은 안 그런 척 꾸며낼 뿐이고요.

SNS는 웹툰, 드라마랑 같아요. 판타지인 걸 알면서도 자꾸 보게 되죠. 왜냐고요? 재미있으니까요. 다른 점은 누군가는 SNS를 진짜 현실로 받아들인다는 점이죠. 웹툰, 드라마를 보듯 SNS도 그저 재미로 즐기길 바라요. SNS로 나와 친구를 비교하지 않았으면 해요. 웹툰, 드라마 주인공과 나를 비교하는 건 허무한 일이니까요. 마지막으로 SNS보다 직접 친구와 얼굴을 맞대고 나누는 수다가 훨씬 재미있다는 사실도 잊지 마세요!

내가 우울한 걸
들키면 어쩌죠?

아침에 일어나 보니 목이 따끔했어요. 이마도 뜨겁고 기침도 나왔어요. 오늘은 8교시 수업이 있는 날인데…… 감기에 걸린 걸 친구에게 들키지 않으려고 쉬는 시간마다 화장실로 들어갔습니다. 변기 칸의 문을 잠그고 교실에서 참았던 기침을 소리 죽여 뱉고, 코를 풀었습니다. 다음 시간에도 친구들에게 들키지 말아야 하는데 걱정입니다.

어때요? 감기 기운을 감추려 애쓰는 모습, 무척 이상하게 보이죠? 마찬가지로 무릎이 까진 것이 죄가 될까요? 발목 인대가 늘어난 것이 창피해할 일일까요?

이 질문에 "맞아요."라고 대답할 사람은 없을 거예요. 왜냐하면 감기에 걸리거나 다친 것은 잘못이 아니기 때문이에요. 누구에게나 일어날 수 있는 일이고, 잘 치유해야 할 대상일 뿐이에요. 그렇다면 이 질문에 질병으로 '우울'을 넣어 본다면 어떨까요? 우울함이 잘못일까요?

심한 우울감을 호소하는 친구 중 많은 이들이 "쌤, 저 뭘 잘못한 거예요?"라고 물어봅니다. 마치 우울감을 느끼는 자신이 잘못된 것처럼 느끼고, 이걸 표현하는 걸 부끄러워하지요. 마음이 대범하거나 강하지 못한 탓이라고 자책하는 친구들도 꽤 많아요.

그럴 때 저는 "쌤도 지난주에 열이 났는데 뭘 잘못한 걸까?", "요즘 비가 너무 와서인지 몸이 축 처지고 우울해. 쌤 뭘 잘못한 걸까?"라고 되묻곤 해요. 그러면 다들 "아니요."라고 대답해 줘요. 몸에 열이 나는 이유가 바이러스 때문인 것처럼 우울감 역시 어떤 원인을 가진 일종의 증상이에요. 즉 정신이 이상해진 것이 아니라 신체적인 반응이죠. 우울 자체는 어떤 원인이 되지 않아요. 그러니 부끄럽게 여길 필요도, 잘못으로 여길 필요도 없지요.

우리 몸은 여러 가지 이유로 뇌의 신경 전달 물질(세로토닌)이 충분하지 않을 경우, 우울감이 강해지고 감정의 기복도 심해져요. 그래서 감기에 걸리면 항생제를 먹듯, 우울감이 너무나 심해질 경우에는 병원에서 신경 전달 물질을 조절해 주는 약을 처방합니다. 그 약을 먹으면 우울한 기분이 덜해지고 감정, 행동 조절도 수월해져요.

소화가 잘 안 된다고 부끄러운가요? 아닐 거예요. 그것과 마찬가지로 자주 우울하다고 부끄러워할 필요는 없어요. '나는 왜 이렇게 생겨먹었을까?'라고 생각할 필요도 없고요. 여러분은 잠시 컨디션이 안 좋은 것일 뿐이에요.

　다만 감기 바이러스로 열이 나는 것처럼, 우울에도 원인이 되는 아픈 감정들이 있어요. 그런 감정들은 다양한 요인 이를테면 친구, 가족, 성적 등과 같은 요인들로 만들어지지요. 그렇기에 우울을 극복하기 위해서는 내 마음속 감정을 돌보는 일이 필요해요. 지금부터 나를 우울하게 만드는 감정들을 다루는 법을 살펴볼게요.

part two

나를 우울하게
만드는 감정들
쓰담쓰담 보듬기

별말도 아닌데
왜 이리 쉽게 상처받죠?

정민이 이야기

"아. 배고프다. 매점 가고 싶은데⋯⋯."

"정민아, 이제 1교시 끝났는데?"

"아⋯⋯ 그런가? 너무 이르지?"

"그래. 돼지야. 작작 좀 먹어."

'돼지라니⋯⋯. 어떻게 저런 말을 쉽게 하지?'

현지 이야기

"얘들아! 배고프다. 매점 가자!!"

"현지야. 뭐? 이제 1교시 끝났는데?"

"아, 몰라~. 빵이 막 땡겨⋯⋯."

"하여간 저 돼지."

"ㅋㅋ, 맞어, 뚱뚱 돼지 배 채우러 가즈아!!"

'돼지'라는 말. 듣기만 해도 화가 치미는 호칭이죠. 그런데 비슷한 말을 듣고도 현지처럼 깔깔 웃으며 넘어가는 친구가 있는 반면, 정민이처럼 깊이 상처받는 친구들이 있어요. 상대방이 별생각 없이 스쳐 지나가듯 던진 농담을 쉽게 넘기지 못하고 가슴 아파하는 정민이. 사실 정민이처럼 사소한 문제에도 혼자 외롭게 끙끙 앓는 친구들이 꽤 많아요.

농담을 한 사람이 사소하게 보는 일이라 해서 농담을 듣는 사람의 상처까지 사소하게 여기면 안 돼요. 마음속 상처의 크기는 각자 다르니까요. 아무리 작은 일이라고 해도 받아들이는 사람에게는 큰 상처가 될 수 있어요.

이것은 부모님, 선생님 같은 어른들도 마찬가지랍니다. 어른들도 작은 일에 쉽게 토라지지만 어른이기에 적당히 숨기며 살아갈 뿐이에요. 하지만 여러분은 달라요. 아무리 작은 일이라도 '난 속상해.'라고 표현했으면 해요. 그래야만 내가 나의 감정을 속이지 않고 있는 그대로 볼 수 있고, 왜 속상한지 그 이유도 알 수 있거든요. 아직 어른이 아닌 자라나는 여러분에겐 그럴 권리가 있어요. 그리고 그 속상한 마음을 보살펴 주세요. 혼자 속으로 끙끙 앓으면 상처가 덧난답니다. 그럼 상처를 치료하기 위해 정민이의 마음속으로 들어가 볼까요?

정민이는 스스로 '나는 뚱뚱해.'라고 생각해 왔어요. 그래서 옷을 살 때도 되도록 헐렁하고 펑퍼짐한 옷을 골랐죠. 이런 정민이의 마음속에는 이런 생각의 흐름이 자리하고 있었어요.

난 뚱뚱해, 못생겼어. → 이런 내 모습이 싫어!
당연히 친구들도 내 뚱뚱한 모습을 비웃고 있어. → 부끄러워!

이런 생각을 하는 정민이에게 '돼지'는 지나칠 수 없는 말이에요. 나도 모르게 울컥하게 되지요. 하지만 그렇다고 마냥 화내기에는 자존심이 상해요. '돼지'라는 말을 의식하고 있다는 티가 날까 봐 말이지요. 이러지도 저러지도 못하는 정민이는 오후 내내 주눅 들고 우울했어요.

장난에도 울컥하는 나, 왜 이리 소심할까요?
/

정민이처럼 생각하게 되는 과정을 설명하는 심리 용어가 있어요. 이러한 생각 과정을 심리학에서는 투사(Projection)라고 불러요. 영어 단어 Project는 뜻이 엄청 많은데요, 대표적인 것이 '기획하다'예요. 그리고 '예상하다', '발사하다'란 뜻도 있지요. 재밌게도 두 가지 뜻을 조합하면 심리학에서 쓰이는 '투사'의 뜻을 설명할 수 있습니다.

'내 생각을 친구에게 발사한다, 그래서 남들도 나같이 생각할 거라고 예상한다.'

즉, 투사란 '남들도 나와 똑같이 생각한다고 믿는 심리'예요. "모든 인간은 투사를 사용한다."고 말할 정도로 누구나 가진 심리 기제랍니다. 정민이가 우울해진 이유이기도 해요. 정민이는 은연중에 자신을 뚱뚱하다고 생각하고, 뚱뚱한 자신의 모습이 너무 싫었어요. 그래서 친구들도 당연히 자기 모습을 좋지 않게 보고, 비웃을 거라고 예상한 거예요. 정작 친구들은 그렇게까지 생각하지 않고 가볍게 던진 농담이었는데 정민이에게는 큰 상처가 되고 만 거지요.

투사를 하는 친구들은 보통 농담을 '쟤가 날 무시했어요.'라는 뜻으로 받아들이고는 합니다. 하지만 그 친구들이 받아들인 대로 상대방에게 말하면 대부분의 경우, 상대방은 깜짝 놀라요.

"저는 그냥 장난으로 한 이야기인데 이렇게 화낼 줄은 몰랐어요."라고 말하죠.

투사를 한 친구는 그 사실을 시간이 한참 흐른 뒤에야 겨우 깨달아요. 그러나 깨달은 뒤에도 "장난으로 한 말 같긴 해요. 그래도 기분 나빠요."라며, 이미 상처를 받은 사실에는 변함이 없답니다.

정민이처럼, 현지도 자신이 뚱뚱한 편이라고 생각했어요. 하지만 반응은 정민이와 달랐지요. 왜냐하면 현지의 속마음이 달랐거든요. 현지의 생각 과정을 살펴볼까요?

난 뚱뚱해. → 그래도 괜찮아. 귀여운데 뭘. 신경 안 써.→
친구들도 나처럼 신경 안 쓸 거야.

현지가 '돼지'란 말을 들었어도 어떻게 웃으며 넘겼는지 눈치챘나
요? 자신이 뚱뚱하다고 생각한 첫 단계는 정민이와 같았죠. 하지만
다음 단계에서 갈라져요.

'그래서 뭐? 나는 괜찮은데?'

현지는 이 생각을 친구에게 투사해요.

'내가 괜찮으니 당연히 쟤도 나를 괜찮다고 생각할 거야. 돼지는 그
냥 농담이지.'

그렇기 때문에 현지는 화낼 이유가 없어요. 농담에 맞장구치고, 한
술 더 떠 자신을 "돼지"라고 부르며 웃어요. 정말로 스스로 '돼지'라
고 생각하지는 않았으니까요.

이렇듯 우리가 어떤 생각을 투사하느냐에 따라 상대방의 말과 행
동을 다르게 받아들이게 됩니다. 투사는 유아기에 부모와의 관계에서
생겨나는 심리 기제입니다. 웃고 있는 두 살짜리 아기는 엄마를 보면
서 '엄마도 나 같이 기분이 좋아.'라고 생각해요. 울고 있는 아기는 엄
마를 보면서 '엄마도 나처럼 슬퍼.'라고 믿어 의심치 않아요. 이렇듯
자신의 감정을 엄마도 똑같이 느낀다고 생각합니다.

우리는 훌쩍 크고 나서야 '나와 엄마의 감정이 다르구나.'라고 깨닫
게 됩니다. 하지만 아무리 나이를 먹었어도 어렸을 적의 버릇은 남아

있기 마련이에요. 내 앞에 마주한 '이 사람'이 나와 비슷한 생각과 감정을 느낄 거라고 무의식적으로 생각하고 바라게 되지요.

기쁨, 행복 같은 좋은 감정을 투사할 때는 큰 문제가 되지 않아요. 하지만 내가 싫어하는 모습이 주변에 투사될 때 그 사람에게서 내가 받는 상처가 깊어집니다. 부정적인 감정을 투사할 경우에 일어나는 과정을 예를 들어 볼까요?

'나는 멍청해.'(선생님에게 투사) → '선생님은 나를 멍청하다고 생각해.'
'나는 못생겼어.'(남자아이들에게 투사) → '남자애들이 내가 못생겼다고 수군거려.'
'나는 내가 싫어.'(친구에게 투사) → '나를 왜 좋아하겠어? 나도 내가 싫은걸.'

이처럼 기본적으로 자기 자신을 부정적으로 보면, 다른 사람의 말과 행동을 부정적으로 해석해 받아들여서 상처를 받거나 피해 의식에 사로잡히게 됩니다. 투사로 인해 의도치 않게 상처받는 일을 피하려면 먼저 자기 자신을 부정적으로 보지 않아야 해요. 다시 말해 '자신을 긍정적으로 보기'가 필요하지요.

연약한 마음을 단단하게 만들려면 어떻게 해야 할까요?
/

투사로 인해 상처받는 일은 매우 흔하고, 또 빠르게 일어나서 그것이 투사인지도 모를 때가 많아요. 뒤늦게 자신이 피해 의식에 빠졌다는 것을 깨닫게 되어도, 이미 마음은 상처를 받고 난 후이며, 상처받은 마음을 회복하려면 많은 심리적 에너지가 필요하지요. 회복하기도 전에 다시 상처를 받기도 해요.

투사로 인한 상처를 피하기 위해 자신을 '괜찮다'고 여기는 마음, 즉 연약한 마음을 단단하게 만드는 것이 필요합니다. 어떤 방법이 있을까요?

방법 1 나를 괴롭히는 범인은 '착각', 착각에서 벗어나기!

투사의 본질은 '저 사람도 나를 우습게 본다.'라는 착각이에요. 착각이 만든 오해가 상처를 주지요. 쉽게 상처받는 나를 치유하는 첫 번째 방법은 '부정적인 착각을 먼저 의심해 보는 거'예요.

"'돼지'라는 말이 정말 나를 놀리려고 한 말일까? 만약 정말 심하게 뚱뚱하다고 여겼으면 오히려 '돼지'라는 말은 못 쓰지. 나를 그렇게 보시 않아서 쓸 수 있는 농담이야. 그리고 희연이는 원래 친한 애들한

+ 나의 착각(투사) 고쳐 보기 +

부정적인 투사	현실적인 대안
예) 돼지라니, 나를 뚱뚱하고 못생겼다고 놀리는 거야.	돼지는 내 외모를 놀리려는 말이 아니라 나를 웃기려는 말이다. 정말로 내가 심하게 뚱뚱하다면 돼지라고 놀리지 못할 것이다.

테 '돼지, 아싸' 같은 말을 자주 써. 안 친한 애들에게는 함부로 말하지 않아. 나를 친하다고 생각해서 저런 말을 하는 거야."

내 마음속 서운한 감정을 한 걸음만 물러나서 바라보면 이와 같이 객관적으로 상황을 바라볼 수 있어요. 그렇게 되면 상처가 조금 더 옅어질 거예요.

방법 2 나를 너그럽게 바라봐요

쉽게 상처받는 나를 변화시키는 두 번째 방법은 너그러움이에요. 남이 아닌 나를 향한 너그러움입니다. 나를 너그럽게 보는 것만으로도 상처는 치유됩니다.[1]

투사와 같은 나에 대한 부정적 착각은 대부분 예전에 받은 상처 경험에서 나와요.

"그만 좀 먹어. 살 좀 빼!"

"옆집 ○○는 100점 받았는데, 너는 뭐니?"

"선생님은 쟤만 좋아해."

우리는 비교, 성적, 외모 등 여러 이유로 상처를 받고 살아가요. 그중 오랫동안 기억에 남는 깊은 상처들이 있어요. 이 상처를 무의식적으로 이렇게 해석합니다.

'내가 뚱뚱해서 그래.'

'내가 바보 같아서 그런 거야.'

다시 말해, '내 탓이니 상처받아도 싸.'라고 '자책'하는 거지요. 정민이가 사소한 말에 상처받는 이유도 모두 내 탓으로 보고 '자책'하기 때문이에요. 자책은 우울의 가장 큰 원인이랍니다. 왜 이런 바보 같은 방법으로 상처받는 버릇이 생겼을까요?

아이러니하게도 바로 여러분의 마음이 착해서입니다.

사소한 말에도 크게 상처받는 여러분은 여리고 섬세하다는 공통점이 있어요. "너는 뚱뚱해."라는 말을 들으면 '저게 무슨 소리야? 쟤 정말 못됐다.'라고 생각하는 것이 보통이죠. 그런데 여러분은 '아, 쟤 말이 맞아.'라고 받아들여요. 여러분이 상대방을 욕하기보다 차라리 나를 비난하는 게 편한 착한 마음을 지녔기 때문이죠. 이 착한 마음이 반복되어 쉽게 상처받고, 때론 울컥하게 하는 버릇을 만든 거예요.

그 예쁘고 착한 마음을 남이 아닌 자신에게도 써 주세요. 나의 내면을 살펴보고, 내 상처를 가엾게 여겨 주세요. 남을 비난하라는 뜻이 아닙니다. 상대방을 배려하는 만큼 자신도 배려해야 해요. 자신에게 이렇게 말해 주세요.

'아, 뚱뚱하다는 말에 금방 울컥하는 나…… 얼마나 많이 상처받아 왔으면 이럴까. 힘든 나에게 잘해 줘야지. 뚱뚱하면 뭐 어때. 뚱뚱해도 괜찮아.'

+ 나에게 너그럽기 +

예) '아, 뚱뚱하다는 말에 금방 울컥하는 나…… 얼마나 많이 상처받아왔으면 이럴까. 힘든 나에게 잘해 줘야지. 뚱뚱하면 뭐 어때. 뚱뚱해도 괜찮아.'

당신은 이런 배려를 받을 자격이 있어요.

"착각은 짧고 오해는 길다.
그리하여 착각은 자유지만 오해는 금물이다."

드라마 〈응답하라 1988〉에 나왔던 대사입니다. 이 말처럼 착각 그 자체는 해롭지 않아요. 하지만 착각에 붙은 오해가 우리를 괴롭혀요. 자신을 진심으로 아낄 때 착각이 오해로 흐르는 걸 막을 수 있다는 사실을 잊지 마세요.

또 실수하면
어쩌죠?

실패 불안

효주 이야기

"양효주."

"네?"

"아까 선생님이 너희 반 김지연을 교무실로 불러오라고 했지? 그런데 4반
정지현이 왔더라?"

"하하하!"

"앞으로 잘 못 들었으면 물어봐. 알았지?"

"네……."

그날 선생님의 지적에 친구들이 모두 웃었습니다. 그리고 저는 다시는 선
생님의 눈을 마주치지 말아야지 하고 결심했어요. 이 일 때문에 며칠 동안
우울했어요. 왜 실수했을까요? 이렇게 망신을 당하면 세상이 끝난 것처럼

부끄럽고 힘이 들어요. 다른 애들 같으면 "아 쪽팔려.ㅋㅋ"하고 잊어버릴 텐데 저는 정말 수치스럽고 도저히 잊히지 않아서 이게 트라우마가 돼요. 성격이 이래서 평소에도 자신감이 없고, 움츠러들고, 남들의 시선도 버겁고 다 힘들어요. 저는 자존감이 너무 낮은 것 같아요.

"나는 뭘 해도 안 돼요. 또 실수할 거예요."

자아존중감(자존감)이 낮은 친구들이 상담 중 가장 많이 하는 말이에요. 자아존중감이란 자기 자신이 가치 있고 소중하며, 유능하고 긍정적인 존재라고 믿는 마음이에요. 자존감이 낮은 친구들은 자신이 못났다고 굳게 믿어요. 정말 안타까운 점은 이런 말을 하는 친구들 대부분이 누가 봐도 정말 괜찮은 친구들이라는 점이에요.

한번은 예쁘고, 예의 바르고 성적도 좋은 친구가 이렇게 말한 적이 있어요.

"다들 저를 비웃어요. 뒷담화를 듣는 게 무서워요. 죽기보다 싫어요."

그 친구는 스스로 모자란다고 생각할 뿐 아니라 남들도 '나를 못났다고 생각한다'고 믿고 있었어요. 그러니 항상 '실수하면 어쩌지? 남들이 비웃을까 겁나.'하며 불안해했어요. 불안하고 긴장되니 효주처럼 실수가 잦아집니다. 그렇게 사소하게나마 실수를 하고 난 뒤에는 '맞아. 나는 항상 이 모양이지.'라고 다시 확신해요. 그렇게 다시 '나는 못났어.'로 돌아오는 악순환을 만들어요.

낮은 자존감의 악순환

"나는 못났어."

"남들도 나를 못났다고
생각할 거야."

"나는 못할 거야. 자신 없어."

긴장해서 실수를 반복

사소한 실수까지
불안해 견딜 수 없는 진짜 이유

/

아마도 효주는 하루 24시간 내내 언제 실수할지 몰라 긴장할 거예요. 그런 효주의 마음은 얼마나 힘들고 지쳤을까요? 사소한 일에도 짜증이 나고 예민해져서 일상이 스트레스로 가득 차게 됩니다. 그런 예민함 때문에 자칫 친구 사이까지 멀어지기도 해요.

만일 여러분이 낮은 자존감으로 괴롭다면, 이 사실을 분명히 알아 두었으면 합니다. 여러분이 자기 자신을 싫어하게 된 이유는 여러분 탓이 아니라는 것을요. 그것은 어른들의 탓이 크답니다. 실제 자존감이 낮은 친구들에게 물어보면 대부분 "부모님께 칭찬을 들은 적이 별로 없어요."라고 대답합니다. 그 친구들은 주로 이런 말을 들으면서 자랐어요.

'말을 잘 들어야 착한 아이지.'
'공부 잘해야 훌륭한 사람이 되지.'
'옆집 ○○는 서울대에 합격했대. 정말 대단한 아이야.'

슬프게도 익숙한 말들이죠? 많은 어른이 십 대 여러분을 성적이나 겉모습, 행동거지로 쉽게 평가해 버려요. 비록 직접 얼굴을 보고 말하지 않는다고 해도 성적표를 받은 다음, 여러분을 쳐다보는 눈빛에서 그 평가가 충분히 느껴지지요. 그렇게 여러분이 받은 상처가 크면 클수록 실수를 끔찍하게 두려워하게 됩니다. 그리고 이 상처가 자신을 부끄럽게 여기도록 만들죠.

여러분도 혹시 '성적이나 행동으로 평가하는 게 당연한 일 아니야?'라고 생각했나요? 그렇다면 여러분도 어른과 같은 착각에 빠져 있는 거예요. 이것이 얼마나 황당한 소리인지 한번 살펴볼게요. 방법은 간단합니다. 이 말들에 담긴 표현을 반대로 뒤집어 봐요.

'말 안 들으면 악한 아이야.'
'성적이 안 좋으면 나쁜 사람이야.'
'옆집 ○○는 서울대에 못 갔어. 정말 창피한 아이야.'

엄마 말에 반항하면 '말을 안 듣는 아이'이지 '악한 아이'가 아니에요. 성적이 나쁘다고 '나쁜 사람'이 되는 것도 당연히 아니죠. 그저 '그 공부'를 못하는 것일 뿐이에요. 세상에는 학교 공부 이외에도 수많은 공부가 있어요.

그런데 자존감이 낮은 친구들은 다양한 이유로 "저는 나쁜 애예요. 아주 못났어요."라고 말하곤 해요. 선생님은 몇 가지 실패 경험으로 자기 전체 가치를 평가하는 이런 착각이 너무나 안타까워요. 왜냐하면 능력으로 나의 가치를 평가한다는 건 우리 삶에서 우스꽝스러운 일에 속하기 때문이에요. 왜인지 이야기해 볼게요.

지금의 성공이나
실패는 영원하지 않다!
/

여러분의 성적, 직업, 돈을 버는 능력까지 노력에 따라 얼마든지 변화하고 성장해요. 지금 눈앞의 과제에 실패해도 언제든 다음 기회가 있어요. 오히려 실패는 나의 어떤 점이 부족했는지 알 수 있는 절호의 기회이죠. 그 기회를 일찍 만났으니 앞으로는 성공할 가능성이 더 커지는 거예요. 그렇기에 실패는 성공을 위한 최고의 준비 과정이 돼요.

성적은 여러분을 보여 주는
한 조각 퍼즐일 뿐이다!
/

학교 공부만 잘하면 훌륭한 학생일까요? 학생이 추구해야 할 가치는 공부만이 아니에요. 친구를 아끼는 마음, 잘못된 행동에 틀렸다고 말하고 나설 줄 아는 정의감, 성실함 등 아주 다양하지요. 훌륭한 학생의 덕목 중 성적은 그저 한 가지 조건일 뿐입니다.

그런데 그 한 가지 조건만으로 훌륭한 학생이라고 평가하는 것도 웃기는 일인데, 한 가지 기준으로 당신의 전부를 평가하는 일은 어불성설(語不成說, 말이 조금도 사리에 맞지 아니함)이에요. 여러분은 수십 가지 얼굴을 가진 존재이기 때문이죠. 학생이면서, 누군가의 착한 딸, 아들, 오빠, 누나, 동생, 누군가에겐 소중한 친구이며, 누군가의 예쁘고 멋진 여친, 남친일 수도 있죠. 당신은 그때그때 여러 다른 얼굴로 변신해요.

또한 여러분은 아픈 엄마 대신 밥을 하는 사랑스러운 마음, 아픈 친구의 가방을 대신 챙겨 주는 따뜻함, 가끔은 친구들을 빵 터뜨리는 유머 감각, 요리 실력, 운동 신경, 그림 실력, 게임 실력 등 나를 표현할 수많은 개성을 가지고 있어요.

비유하자면 여러분은 수만 개의 조각으로 이루어진 퍼즐이죠. 수만 개의 퍼즐 조각 중 효주처럼 고작 한두 개가 맘에 들지 않는다고 전체를 다 싫어한다면 참 억울한 일이에요.

능력과 나의 가치는
다르다!
/

가장 중요하고 근본적으로 부정할 수 없는 명제예요. 여러분을 둘러싼 조건과 인간적인 가치는 관계가 없어요. 성적, 학벌, 직업, 외모, 말솜씨, IQ, 연봉, 인기 등 이 모든 것은 그저 당신의 기능 중 하나일 뿐이에요.

예를 들어 볼게요. 메시는 최고의 축구 선수예요. 하지만 훌륭한 인간일까요? 그건 알 수 없어요. 돈은 설명할 필요도 없죠. 돈은 편리한 물건일 뿐이지 그것을 가진 사람의 가치에 대해서는 그 무엇도 설명하지 못해요. 한번 소리 내어 외쳐 보세요.

"나는 내 수학 점수다. 나는 내 용돈이다. 나는 내 외모다."라고요. 웃기지요?

여러분은 여러분의 행동이 아니에요. 이 생각을 독일의 대철학자 임마누엘 칸트(Immanuel Kant)가 이렇게 표현했습니다.

'너를 목적으로 대우하라, 결코 수단으로 대우하지 마라.'

모든 사람은 무엇을 잘하기 위한 수단이 아니라 그 자체로 목적입니다. 신상품을 배달해 주는 택배 기사님은 택배를 위한 도구가 아닙니다. 부모님도 밥 짓는, 돈 버는 도구가 아니지요. 여러분도 공부를 위한 도구가 아닙니다. 당신은 당신이에요. 여러분은 그 자체로 목적이에요.

자기 자신을 몇몇 행동, 능력으로만 평가할 때 우울함, 자괴감이 몰려와요. 그러니 여러분을 행동이나 능력에 대한 수단으로 평가하지 마세요. 여러분은 여러분 자체로 이미 충분한 가치가 있으니까요.

한 발자국만 물러나 보면
/

하지만 많은 사람이 자기 자신을 목적으로 대하기 어려워해요. 어른들도 마찬가지랍니다. 이미 우리가 겉모습과 능력으로 평가하는 데

익숙해져 버렸기 때문이에요. 여러분의 자존감을 지키기 위해 자기 자신을 목적으로 대하는 방법을 알고 연습해야 해요. 그 방법들에 대해 알아볼게요.

방법 1 타인의 평가, 한 발자국 물러나서 볼까요?

첫 번째 방법은 남의 평판을 듣고도 흘려버리는 것입니다. '친구들의 평가가 내 가치를 좌우해'라는 믿음이 나를 불안하게 만들죠. 이 믿음에는 '친구들의 평판은 논리적이고 객관적인 진리다.'라는 생각이 깔려 있어요. 하지만 이 생각은 허술하죠. 이렇게 생각하는 친구들에게 말해 주고 싶어요. "친구들의 말과 네 진짜 모습은 아무런 상관 없어."라고요.

친구들이 다른 사람을 평가하는 기준은 사실 하나거든요.

'내게 잘하면(도움이 되면) 좋은 사람, 못하면 나쁜 사람.'

평판이란 그 사람의 이익, 기분에 따라 결정되는 '의견'일 뿐이에요. '진실'과는 거리가 멀죠. 상황에 따라 "쟤는 왜 이렇게 나서냐?"라는 소리를 듣는 것이 오히려 훌륭한 행동을 하고 있다는 방증일 수 있어요.

나를 잘 알지도 못한 채 나의 일면만 보고 하는 평가에 대해서는 "나를 잘 알지도 못하면서."라고 말해 주세요. 시답잖은 말들로 내가 상처받게 되는 걸 용납하지 마세요.

방법 2 내 안에는 무수한 내가 있어요

몸치라 체육 시간에는
항상 '구멍'이야.

하지만 내 베프 윤아한테는
고민을 잘 들어 주는
'사려 깊은 친구'야.

부모님 생일을
살뜰히 챙기는 '예쁜 딸'이야.

내가 눈치가 좀
없긴 해.

BTS부심이라면 누구한테도
지지 않는 열성 팬이지.

둘째, 나의 평가도 흘려보내세요. 누가 나를 손가락질해도 나만은
끝까지 내 편이 되어 주어야 해요. 무작정 '나는 잘못 없어.'라고 우기
라는 이야기가 아니에요. 감정을 그대로 받아들이는 것이 가장 좋은

방법이라는 것입니다. 이불을 찰 만큼 창피한 실수라면 마음껏 부끄러워해도 괜찮아요. '아, 부끄러워. 내가 지금 무지하게 부끄러워하고 있구나.' 이렇게 충분히 감정을 소화해야 그 감정이 사라지게 되거든요.

다만 '아 나는 참 못난 인간이야.' 같이 나라는 인간 전체를 부끄러워하지는 마세요. 여러분은 부끄러워한 모습 외에도 다양한 모습을 가지고 있으니까요. 나의 여러 모습을 생각해 볼까요?

+ 당신에게 어떤 면들이 있는지 적어 보세요. +

나는 (	)에게 (	)한 아들, 딸
나는 (	)에게 (	)한 오빠, 누나, 동생
나는 (	)에게 (	)한 친구
나는 (	)에게 (	)한 학생
나는 (	)에게 (	)한 ( )

민수 이야기

쌤, 저 아무것도 하기 싫은 게 한 달쯤 된 것 같아요. 갈수록 심해져요. 오늘 이런 기분이 친구한테까지 가 버렸어요. 아무래도 저 친구를 잃은 것 같아요. 그것도 하나밖에 없는 친구를요. 계속 무시하고, 축 처져 있고 말도 씹고, 건성으로 대답하고, 그러다 보니까 친구도 멀어졌어요.

나 자신이 내가 아닌 것 같다는 기분이 들어요. 교실에서는 다들 떠드는데 저는 관객으로 있는 느낌이에요. 기분을 바꿔 보려고 게임, 웹툰을 해 보고 잠도 늘어지게 잤는데 그때뿐이에요. 긍정적인 생각? 그런 말 듣기도 싫어요. 그냥 이대로 사라져 버리는 것도 좋을 것 같아요. 저 어쩌면 좋지요?

무기력에 빠진 민수의 버겁고 괴로운 마음이 느껴지나요? 극심한 무기력에 빠지면 차라리 사라지고 싶을 만큼 마음이 괴로워요. '원래 나는 이렇지 않았는데, 내가 왜 이렇게 됐지?' 하는 생각에 절망하고 다시는 예전의 자신으로 못 돌아갈까 봐 두려워해요. 이대로 지내면 앞으로 어떻게 될지 무섭기도 하고요. 지금도, 앞으로도 아무 희망이 없는 그 기분은 아마 겪어 보지 못한 사람은 상상할 수도 없을 거예요.

그런데 종종 어른들은 멍하니 있는 민수가 팔자 좋게 편하게 있다고 착각해요. 그래서 잔소리를 하면 민수는 자책하며 더욱 무기력에 빠지게 되었지요. 민수의 마음속에서는 어떤 일이 벌어지고 있는 걸까요?

무기력도
'학습'된다고요?
/

무기력의 비밀을 알 수 있는 실험을 소개해 줄게요. 세계적인 심리학자 마틴 셀리그만(Martin Seligman)[2]은 무기력의 비밀을 풀기 위해 실험을 설계했어요. 개를 전기로 고문하는 잔인한 실험이었죠.

셀리그만은 개 24마리를 A, B, C 그룹에 8마리씩 나눠 전기가 흐르는 철제 상자에 집어넣었어요. 세 그룹의 개들은 각각 다른 상황에 놓였고, 다음과 같은 반응을 보였어요.

A 그룹의 개는 코로 버튼을 누르면 전기 고문이 멈췄어요. A 그룹의 개들은 시간이 걸렸지만 전기를 멈추는 방법을 찾아냈어요.

B 그룹의 개는 전기 고문을 멈출 버튼이 없었지요. 이 개들은 처음

에는 발버둥을 치다가 점점 체념했다고 해요.

가장 운이 좋은 C 그룹의 개들은 전기 고문을 받지 않았죠.

그리고 나서 모든 그룹의 개들을 철제 상자에서 꺼내고 하루가 지나갑니다.

다음 날은 특이한 철제 상자를 준비했어요. 그림과 같이 철제 상자의 반은 전기가 흐르고, 반은 전기가 흐르지 않았죠. 가운데에는 살짝 발만 들어도 넘을 수 있는 아주 낮은 벽을 설치했어요. 그리고 A, B, C 그룹의 개를 전기가 흐르는 구역에 놓았습니다.

그런 다음에 전기가 흐르는 버튼을 누릅니다. 과연 결과는 어땠을까요?

① A, C 그룹의 개는 장애물을 펄쩍 뛰어 전기가 흐르지 않는 구역으로 바로 대피했어요.

② B 그룹의 개 여섯 마리는 전기가 흐르는 구역에 주저앉았어요.

아무 저항도 하지 않았죠. 오직 두 마리만 장애물을 뛰어 대피했어요. 셀리그만은 이 여섯 마리 개들의 행동에 이렇게 이름을 붙여요.

학습된 무기력(Learned Helplessness).

학습된 무기력이란 피하거나, 극복할 수 없는 환경에 반복적으로 노출된 사람들이 지닌, 실제로 자신의 능력으로 피할 수 있거나 극복할 수 있음에도 불구하고 피하지 않는 특성을 말해요. 쉬운 말로 '자포자기'가 성격이 되어 버린 것이지요.

이유 없는
무기력은 없다
/

민수 같은 친구들은 그저 편해서, 이게 좋아서 아무것도 안 하는 게 아니에요. B 그룹 개들이 편해서 주저앉은 것이 아닌 것처럼요. 민수를 '게으르다. 세상 편하게 산다'고 몰아붙이면 안 돼요. 무기력에 빠진 친구들은 죽을 듯이 괴로운데도 불구하고 아무것도 못하는 상태에 빠진 거니까요.

민수는 초등학교 때까지 어머니와 둘이서 살았어요. 그런데 어머니가 직장을 다른 지역으로 옮기면서 더 이상 어머니와 같이 살 수 없게 되었습니다. 민수는 엄마와 떨어지고 싶지 않아 떼도 쓰고, 화도 내고, 빌어 보기도 했어요. 하지만 어른의 사정을 이기기에는 역부족이 었어요.

결국 민수는 다른 지역에 있는 할머니 집으로 이사하게 되었습니다. 엄마, 친한 친구들 모두와 헤어져야 했어요. 이사를 막으려는 민수의 모든 시도는 실패했지요. 낯선 환경에서 적응해야 했던 민수에게 중학교는 또 다른 실패의 장소가 됐어요. 친구 사귀기, 공부 모두 엉망진창이었어요. 친구들은 이미 형성된 친한 무리끼리만 어울렸고, 민수에게 먼저 관심 가져 주는 친구는 없었어요. 겨우 말 붙일 친구 한 명을 사귀었을 뿐이에요. 수업을 들으려 해도 머리에 들어오지 않았어요. 할머니는 "공부만 잘하면 돼. 열심히 해!"라고 잔소리만 했어요. 엄마에게 전화해 돌아가고 싶다고 이야기해도 돌아오는 대답은 똑같았어요.

"철없는 소리 그만해."

도움도, 위로도 받지 못한 민수의 에너지는 모두 바닥나 버렸어요. 더 이상 민수에게는 힘낼 힘도, 기운 낼 기운도 없어요. 가족, 친구, 성적 나름 노력했지만 돌아온 것은 실패뿐이었죠. 연속된 실패가 그나마 한 줌 남아 있던 민수의 용기를 꺾어 버렸어요.

반복되는 실패를 통해 지치고, 무기력해진 민수의 마음속에는 세 가지 믿음이 자라납니다.

① 실패는 모두 내 탓이야.

② 나는 항상 실패해.

③ 그러니 실패는 앞으로도 계속될 거야.

민수처럼 무기력에 빠진 사람에게는 이와 같은 세 가지 마음 습관 (Explanatory Style)이 나타나요. 습관적으로 되뇌다 보니 어느새 믿음이 되어 버렸습니다. 그리고 그 믿음은 이런 생각으로 이어집니다.

나는 안 되나 봐. 나는 정말 못났어. 나는 쓸모없어…….

괴로워. 내가 쓸모없다는 사실이 너무 아파…….

그럼 차라리 아무것도 도전하지 않을래. 어차피 변하는 것도 없고.

시도하지 않으면 고통도 없잖아?

상처가 너무 아픈 나머지 상처를 받지 않는 쪽을 택한 거예요. 너무 아픈 나머지, 다시는 아프고 싶지 않다는 마음이, 상처받지 않기 위해 아무것도 하지 않으려는 행동으로 이어집니다. 아무것도 하지 않으면 상처는 없지만 동시에 기쁨도 없을 거라는 걸 알면서도 말이죠. 이렇게 조그마한 일도 시도할 힘조차 없는 민수 같은 친구들에게 꼭 해 주고 싶은 말이 있어요.

"힘내지 않아도 괜찮아. 그동안 힘들었던 만큼 푹 쉬어도 괜찮아."

억지로 무언가를 해야 한다는 의무감은 얼마 안 가 또 포기하게 만들어요. 무기력에 빠진다는 것은 지금 내 마음속 에너지가 다 타버려 소진되었다는 뜻이기도 합니다. 다시 에너지가 채워질 때까지 기다리는 시간이 필요해요.

다시 하고 싶다는 마음가짐이 생기려면
/

무기력에 빠진 상태에서는 이 무기력이 언제까지고 이어질 것 같다는 불안으로 힘겨워질 때가 많아요. 하지만 여러분은 다시 무언가 하고 싶다는 마음이 생겨날 거라는 믿음을 가지고 이 시간을 충분히 보내야 한답니다. 더 편안한 마음으로 이 시간을 보내기 위해서는 어떻게 하는 것이 좋을까요?

방법 1 자꾸 잊기 쉬워요. 이 말을 자신에게 해 주세요.
"아무것도 안 해도 괜찮아."

다시 한번 말해 주세요. 이 시간은 어쩌면 필요한 시간이기도 해요. 실패가, 비웃음이, 따돌림이 너무 아팠다면, 그래서 더 이상 상처받지 않기 위해 택한 것이 바로 이 무기력에 빠진 상황이라면 아무것도 하지 않는 것도 좋은 방법이에요. 애써 무리할 필요 없어요. 상처가 조금이라도 아물 때까지 가만히 자신을 돌보세요. 주변 가족과 친구들도 동굴로 들어가는 민수를 이해해 주세요. 민수는 아무것도 안 하는 게 아니에요. 민수는 다시 일어서기 위해 에너지를 충전할 시간이 필요한 거니까요.

방법 2 생각 습관으로 달라질 수 있어요

'학습된 무기력'에 빠진 수많은 사람을 조사한 결과, 그들에게는 모두 실패를 설명하는 데 있어 세 가지 습관(내 탓이야! / 난 항상 실패해! / 다른 것도 실패할 거야!)이 있었어요. 반면 낙관적이고 희망적인 사람들은 실패를 이야기하는 데에 정반대의 습관(바깥 환경 탓이야! / 금방 괜찮아질 거야! / 다른 일은 다르니까!)이 있었죠.

예를 들어 다음 경험을 살펴볼까요? 친한 친구가 갑자기 내 메시지에 응답하지 않는다면 여러분은 어떻게 반응하나요?

실패 경험 : 친했던 친구가 톡 메시지에 답하지 않는다.		
설명 양식	무기력한 사람의 심리	낙관적인 사람의 심리
1. 원인	내 탓이야.	상황이 안 좋았어.
2. 계속되는가?	걔는 영원히 날 싫어할 거야.	잠깐 삐진 거지 곧 풀릴 거야.
3. 반복되는가?	다른 친구들도 날 싫어할 거야.	다른 친구들과는 관계없어.

그런데 이 마음 습관은 연습을 하면 바뀔 수 있어요. 어떻게 연습하냐고요? 다음처럼 해 보세요.

1. 가장 최근에 실패한 경험을 떠올려 보세요.
2. 그 경험을 설명하는 방식을 확인해 보세요.
3. 그 경험을 설명하는 방식을 낙관적으로 바꿔 보세요.

	실패 경험 1	실패 경험 2
설명 양식	낙관적 심리	낙관적 심리
1. 원인		
2. 계속되는가?		
3. 반복되는가?		

이렇게 의도적으로 실패 경험을 다르게 설명해 보려고 꾸준히 시도한다면 여러분의 마음 습관도 달라질 거예요.

방법 3 사소하게 성공해 보세요!

"띠링, 에너지가 충전되었습니다."

언젠가 마음속에서 이 신호가 울릴 거예요. 이 신호는 사소하고 다양한 형태로 옵니다.

"어, 날씨가 좋네. 나가 볼까?"

"아, 갑자기 ○○ 얼굴이 보고 싶다."

"심심해." 이렇게요.

이런 느낌이 들었다면 학습된 무기력에서 한 발자국만 빠져나올 때가 되었다는 신호예요. 학습된 무기력은 반복된 실패에서 비롯되죠. 이것을 극복하는 데 성공 경험만큼 좋은 건 없어요. 아주 작고 사소하고, 99% 성공할 수 있는 과제를 찾으세요. 7시에 알람을 맞춰 일어나기, 라면 두 개 먹어 보기, 숨 참고 60초 버텨 보기, 한 번도 안 가 본 곳 가 보기 등 엉뚱하고 사소할수록 좋습니다. 전혀 심각할 필요 없어요. 이런 걸 성공해서 뭐 하나 싶다고요? 그저 사소한 성공 하나하나가 기나긴 무기력에서 여러분을 꺼내 줄 거랍니다.

+ 나의 '사소한' 도전 과제 +

1.

2.

내가 죽으면
뉴스에 나올까?

소정이 이야기

저는 중1 때 처음으로 자살을 생각했어요. 갑자기 왜 그랬는지 이유는 기억이 안 나요. 그 순간을 지나니 괜찮아졌거든요. 그런데 고2가 된 요즘 우울증과 자살 충동이 심해졌습니다. 버스가 지나가면 뛰어들고 싶다, 다리를 지날 때면 떨어지고 싶다 같은 생각들이 순간 떠올라요. 오늘 새벽이 가장 위험했어요. 한 시간 동안 3번이나 죽고 싶다는 충동이 들었고, 진짜 내가 저지를까 봐 무서웠어요. 집에 있으면 충동이 점차 심해지기에 밖에 나가 버렸어요. 햇볕이 쨍하더라고요. 햇빛을 보고 앉아 있는데 눈물이 계속 흘렀어요. 내가 세상에 없다면 어떨까란 생각을 하면서요. 무서워서 누구한테 말도 못하겠어요. 저는 어떡해야 할까요?

죽고 싶다는 생각에
숨겨진 비밀
/

"아, 죽고 싶다."

뭔가 힘든 일이 있을 때 우리는 정말 쉽게 이 말을 내뱉고는 해요. 시험, 친구, 학원 등 힘든 일은 아주 많이 있으니까요. 하지만 정말 죽고 싶어서 이런 말을 하는 친구는 별로 없을 거예요. 대부분의 경우, 많이 힘들다는 마음의 표현일 뿐이지요.

그런데 이 말을 진심으로 느끼는 소정이 같은 친구들이 있어요. 우리가 일상에서 정말 자주 쓰는 이 말을 소정이 같은 친구들은 직접 말하지 않아요. 그래서 실제 자살을 시도한 사람들의 주변 친구나 가족들은 "그 애가 자살을 생각하는지 몰랐어요."라고 깜짝 놀라는 일이 많지요. 당사자에게서 죽고 싶다는 표현을 못 들어 봤기 때문일 거예요.

다들 쉽게 죽고 싶다고들 말하는데, 죽음을 진짜로 생각하는 사람들은 왜 그 말을 하지 않을까요? 그 이유는 너무 아파서 그리고 너무 무서워서 함부로 밖에 꺼내지 못하는 거랍니다. 죽음을 진심으로 고민하면 그렇게 돼요.

하지만 아프면 아플수록, 고통스러울수록 그 감정은 밖으로 꺼내 주변과 나눠야 해요. 아픔은 나눌수록 그 크기가 줄어드니까요. 무조건 줄어들어요. 하지만 너무나 무시무시한 일이기에, 혹은 남들이 이상한 애로 취급할까 봐, 말도 못 꺼내고 속으로만 앓는 소정이는 더욱 괴로울 거예요. 사실 저도 소정이처럼 십 대 시기에 자살에 대한 생각을 많이 했었어요. 특히 잠자리에 들 무렵에 머릿속에 자살을 그려 보는 경우가 많았습니다.

'어떻게 죽어야 할까? 다들 어떤 반응일까? 가족, 친구들은 내 죽음에 대해 뭐라 말할까?'

이런저런 생각에 한참 빠져 있다가 밤을 꼬박 새울 때도 있었죠. 별의별 생각을 다 했지만 이 세 가지 생각은 빠지지 않았던 것 같아요. 첫 번째는……

'어떻게 하면 아프지 않게 죽을까?'라는 생각이에요. 저는 종이에 손가락이 베이는 걸 상상만 해도 닭살이 돋아요. 어른이 된 지금도요. 우습지만 아픈 것이 죽기보다 싫었어요. 그래서 자살을 감히 시도해 보지 못했죠.

그리고 했던 두 번째 생각은……

'내가 죽으면 그땐 내 마음을 알아주겠지. 그제야 나한테 미안한 마음이 들겠지.'였어요.

마지막 세 번째 생각은……

'죽고 나면 다음 생애는 이병헌으로 태어날 거야.'였지요. 당시 보던 드라마에서 이병헌 배우가 주인공으로 등장했었어요. 대학생인데 똑똑하고, 리더십 있고, 유머 감각도 있어서 모든 친구가 좋아하고, 잘생겨서 여자한테 인기도 많은 그런 대학생이었죠.

다행히 저의 자살은 충동에서 멈췄어요. 그리고 이때의 심리를 어른이 된 후에 분석해 보았어요. 그리고 내리게 된 결론은 다음과 같아요.

제가 죽고 싶었던 이유는 '잘 살고 싶어서'였어요.

그것도 아주 멋지고, 쿨하게 살고 싶은 간절한 소망 때문이었어요. 이병헌처럼요. 정확히는 드라마의 멋진 주인공처럼요. 부모님과의 싸움, 친했던 친구와의 다툼, 왕따, 성적 하락, 수능 폭망 등등. 저도 십대 때 여러분처럼 죽고 싶을 만큼 힘든 일들이 있었어요. 그럴 때마다 자고 일어나면 '이 일은 없어질 거야.'라는 상상을 했었어요. 그렇게라도 현실 도피를 하고 싶었습니다.

한 친구와 주먹 다툼에서 지고 나서 쭈그려 지낼 수밖에 없던 시기가 있었는데, 그때 '죽으면 지금과는 완전히 다른 완벽한 사람으로 환생할 거야.'라는 생각을 했어요. 마치 망한 게임을 리셋해서 완벽한 상태로 다시 시작하는 것처럼 말이죠. 제 자살 충동에는 현실 도피와 함께 재생 심리가 있었습니다. 즉, 제게 자살은 생을 끝내고 싶은 것이 아니라, 더 잘 살고 싶은 욕심의 다른 형태였던 거예요.

이와 더불어 제 자살 충동에는 한 가지 이유가 더 있었습니다. 나의 아픔과 상처를 주변에 알리고 싶다는 마음이었어요.

'내가 죽으면 그때는 내 마음을 알아주겠지. 그제야 나한테 미안한 마음이 들겠지……'

어른이 돼서 십 대 시절의 얼기설기 엉켜 있던 마음의 매듭을 풀어 보니 답은 참 단순했어요.

"나 너무 힘들어. 알아줘. 위로해 줘."라는 간절한 외침이었지요.

자살 vs 살자
/

많은 십 대가 자살 충동을 느껴요. 그런 친구들과 대화를 나눠 보면 대부분 저와 비슷한 점을 발견할 수 있었어요. 죽고 싶다는 마음속에는 멋지게 살고 싶다는 강한 욕망이 있었습니다. 그 친구들도 친구, 가족, 성적, 학교생활, 연애 모든 면에서 멋지고, 즐겁고, 재밌게 살고 싶어 한다는 걸 느낄 수 있었습니다. 다들 나름대로 노력도 해 봤지만 상처를 많이 받았던 거지요.

"선생님. 어차피 안 돼요."

안타깝지만 노력이 항상 좋은 결과로 이어지지는 않아요. 나는 영원히 그런 결과를 갖지 못할 거라는 생각이 듭니다. 현실의 두꺼운 벽을 느낍니다. 절대 뛰어넘을 수 없는 벽을 본 것 같지요. 극단적인 좌절 앞에서 극단적인 포기를 생각합니다. 그것이 자살 충동입니다.

자살을 생각한다는 청소년을 보면 저의 십 대 시절이 떠올라 안타깝습니다. 죽고 싶다고 이야기하지만 그것이 '정말 잘 살고 싶어요.'라는 외침으로 들려 참 마음이 아픕니다. 지금 아무것도 할 자신이 없

고, 아무것도 하기 싫은 친구들. 나만 없으면 주변 모두가 잘될 것 같은 친구들. 당장이라도 도망치고 싶은 친구들. 눈앞이 깜깜할 정도로 좌절을 느끼고 있는 친구들. 이 친구들에게 "힘내. 모두 잘될 거야."라는 마냥 빛나는 거짓말을 하지는 않을 거예요. 하지만 이 말만은 꼭 해 주고 싶어요.

"삶은 길고 내가 어디로 가게 될지는 아무도 몰라요."

십 대 시절에는 내 삶의 방향도 없고, 친구도 없고, 연애는 더더욱 없고, 수능은 계속 망하고, 머리는 더 나빠질 거라고 굳게 믿었어요. 그런데 시간이 지나고 보면 그대로 된 것은 하나도 없어요. 지금 '내 희망이 실제로 이루어진 건 하나도 없어.'라고 생각하고 있죠? 맞아요. 머릿속 희망이 현실로 이루어지는 일은 드뭅니다. 그런데 이 말을 반대로 뒤집어 보면 재미있는 사실을 깨달을 수 있어요. 그것은……
'내 절망도 실제 이루어질 일이 없다.'라는 거예요.
인생은 우연의 연속입니다. 재수 없이 어두운 골짜기에 처박히다가도, 가끔 따스한 봄볕 같은 순간이 찾아옵니다. 하나의 길이 꽉 막혀 버리면 아예 생각해 본 적 없던 길로 연결되기도 해요.
잘될 거라는 말을 하는 것이 아닙니다. 지금 여러분이 있는 막다른 골목까지만이 현실입니다. 여러분의 괴로움은 거기까지예요. 여러분의 머릿속에서 그리는 지하 100층에 있는 암흑의 던전은 상상일 뿐이에요. 비록 현실에 좌절할지라도 아직 벌어지지도 않은 일에 대한 괴로움까지 끌어와서 아파하지는 마세요. 내일, 다음 주, 내년, 삼 년 후에 내가 어떻게 될지는 아무도 모른다고 말해 주고 싶어요.

자살 충동이 들면 이렇게 해 보세요
/

만일 죽고 싶다는 충동이 너무 두렵고, 이 충동에 지게 될까 두렵다면 자신을 지키는 방법을 알아보는 것이 좋아요.

방법 1 아주 잠시만 견디면 돼요

자살을 생각하는 우울증 환자의 뇌를 살펴보는 연구[3]가 있었습니다. 심한 우울증에 걸린 사람은 뇌의 기능이 떨어지는데 특히 전두엽, 변연계의 기능이 저하돼요. 전두엽은 사고, 판단 등 고차원적 사고를 하는 부분이고, 변연계는 본능, 충동을 일으키는 부위예요. 그런데 자살 충동이 들면 뇌에 변화가 생겨요. 변연계가 흥분되는 것이죠.

변연계는 충동, 분노, 화, 불안 같은 부정적인 감정을 일으키는 부분인데, 보통 변연계가 날뛸 경우(자살 충동)에 이것을 전두엽이 통제를 해요. 그런데 우울증 환자의 경우, 전두엽이 변연계를 통제하지 못해서 자살 충동이 강하게 일어나요. 이 연구에서 우리는 자살 생각이 들 때 어떻게 해야 할지 힌트를 얻을 수 있어요.

'죽고 싶다'는 기분은 '짜증 나. 화나. 슬퍼.'와 같은 부정적인 감정과 비슷한 방식으로 생겨나요. 아무리 짜증이 많아도 하루 24시간 내내 짜증만 내는 친구는 없죠. 모두 경험으로 알듯이 짜증은 잠시 후에 지나갑니다. 자살 충동도 마찬가지예요. 죽고 싶다는 생각과 기분은 절대 오래가지 않습니다. 짧게는 몇 분, 길어도 몇 시간입니다. 그 후에는 사라져 버려요. 만약 '죽어 버려야겠어.'라는 생각이 들면 이렇게 말해 주세요.

"아, 네가 왔구나. 하지만 나는 네가 곧 지나갈 거라는 걸 알아."라고 말이에요.

방법 2 '죽고 싶다'고 말하는 건 부끄러운 게 아니에요

"선생님, 죽고 싶어요."라고 말했던 친구가 있습니다. 저는 그 친구에게 부탁했습니다.

"그럼 진심을 다해서 죽고 싶다고 나한테 10번만 말해 줄래?"

그 친구는 잠깐 당황한 표정을 지었지만 이내 짜증을 폭발시켰어요.

"선생님, 저는 정말로 죽어 버리고 싶다고요. 아마 계속 이럴 거예요. 진짜로 죽어 버릴 거예요."

저는 10번을 부탁했지만 그 친구는 눈물을 흘리며 20번쯤 말했던 것 같아요. 울음이 잦아들 때쯤 물어봤어요.

"지금 기분이 어때?"

"아까보단 괜찮아졌어요."

그제야 그 친구와 자살이 아니라 친구 문제에 대한 이야기를 나눌 수 있었어요.

아프면 아플수록, 고통스러울수록 그 감정은 밖으로 꺼내 주변과 나눠야 해요. 밖으로 꺼내어 표현할수록 자살 충동은 빨리 지나갑니다. 내가 무엇 때문에 괴로운지 감추고 싶은 이야기를 애써 꺼낼 필요도 없어요. 그저 지금 견딜 수 없이 힘들고 죽고 싶다는 기분을 누군가에게 털어놓으세요. 가족, 친구, 선생님 누구든 좋아요. 어려우면 아래에 소개한 상담 번호로 전화를 걸어 털어놓는 것도 좋은 방법입니다. 24시간 언제든 열려 있는 상담 전화입니다. 도저히 말할 용기가 나지 않는다면 공책에 쓰는 것도 좋은 방법이에요. "죽고 싶어."라는 말을 내 안에서 밖으로 꺼내 놓아야 나를 살릴 수 있습니다.

자살 예방 핫라인 ☎1577-0199

희망의 전화 ☎129

생명의 전화 ☎1588-9191

청소년 전화 ☎1388

24시간 자살 예방 상담 전화 ☎1393

방법 3 언제 올지 모르는 자살 충동, 미리 대비해야 해요

자살 충동이 자주 찾아온다면 기분이 좋을 때 이것을 미리미리 대비해 두어야 합니다.

① 내 몸에 해를 끼칠 수 있는 물건은 치워 놓으세요.

② 내 마음을 진정시킬 수 있는 방법들을 만들어 놓으세요. 산책, 음악, 운동, 따뜻한 코코아, 혹은 친구도 좋은 방법이 될 수 있어요. 친한 누군가에게 "나 죽고 싶은 생각이 들면 전화해도 될까?"라고 미리 이야기를 해 놓아도 좋아요. 자살 충동이 찾아왔을 때 내 마음을 다스릴 방법을 1, 2, 3번 순으로 미리 정해 놓으세요.

③ 어른이 되면 꼭 해 보고 싶었던 꿈을 노트에 적어 놓으세요. 세계 일주, 멋진 애인과 크리스마스 데이트하기, 독립해서 자취하기, 유럽 여행 등 사진과 그림을 같이 붙여 예쁘게 꾸미면 더 좋습니다. 그리고 자살 충동이 들 때 이 노트를 펼쳐 보세요.

마지막으로 한 가지 더.

죽고 싶어 하는 나에게 한마디만 말을 걸어 주세요.

"죽기 전에 뿌링클 한번 먹자!"

소고기, 피자, 치킨, 치즈 떡볶이! 무서운 생각이 들 때는 없어서 못 먹었던 그 음식을 당장 먹으러 나가세요. 먹고 나서 생각해도 늦지 않아요. 무엇이든 다만 30분이라도 내 시선을 돌린다면 여러분의 미래는 바뀔 수 있어요. 기억하세요.

모두 다 결국 흘러갈 거예요.

시도 때도 없이 불안해요

습관성 불안

가연이 이야기

저는 공부를 잘하는 편이에요. 반에서 3등 근처예요. 그런데 딱 한 번 성적

이 심하게 떨어진 적이 있어요. 작년 중간고사였어요. 노력해서 성적이 다

시 돌아왔지만 그때부터 '또 성적이 떨어지면 어떡하지?' 하는 걱정이 시

작됐어요. 스트레스가 너무 심하고, 자꾸 불안해지니까 집중도 안 되고 공

부할 것도 머릿속에 들어오지 않아요. 계속 우울해지고 힘도 없고 그러니

까 또 불안해져요. 이제 다시 시험 기간이 올 텐데 어떻게 해야 하죠?

가연이에게는 성공 경험이 많아요. 공부도 잘하고, 친구 관계도 좋

고, 무엇이든 다 잘하고 있어요. 그런데도 '난 왜 이럴까?' 같은 왠지

모를 불안과 우울감을 느낍니다. 이런 친구들의 경우, 대부분 자신의

우울을 깊이 감추죠. '나보다 훨씬 힘든 사람들도 많은데……'라는 생각 때문에 마음을 터놓을 곳을 찾지 못한 채 혼자 괴로워합니다. 그래서 더 외롭고 힘들어요. 고민 끝에 상담실에 찾아온 친구들은 이렇게 말합니다.

"솔직히 제 고민을 말해도 되나 싶어요. 친구들한테 말해 봤자, 네가 뭐가 걱정이야. 배가 불렀냐? 너 정도만 돼도 난 걱정 안 해. 이런 소리만 들어요."

하지만, 분명한 건 가연이가 몹시 힘겨워하고 있다는 거예요. 이 힘겨움에 압도되어 우울감에 빠져들 정도로 말이에요. 모든 걸 잘하는데도 괴로운 가연이의 마음속에선 어떤 일이 벌어지고 있을까요?

칭찬을 들어도 불안해지는 나, 왜 이럴까요?
/

앞서 만나본 효주는 자아존중감이 낮아 끊임없이 괴로워했어요. 반복된 실패로 자신감이 바닥으로 떨어진 탓이었죠. 반면 가연이는 성적, 친구 관계, 학교생활을 모두 잘 해내고 있었고, '나는 똑똑해, 잘할 수 있어.' 같은 자신감도 있어요. 그런데도 왠지 모르게 불안하고 우울해했지요. 그 이유는 놀랍게도 '나는 똑똑해! 잘할 수 있어!'라는 생각 때문이에요.

'나는 똑똑해. 나는 예뻐.'

이런 생각들은 모두 나를 남들과 비교하고 평가하는 것으로부터 나오게 돼요. 나는 '남들과는 달라. 우월해. 잘났어.'라는 생각은 자존감을 높여 줍니다. 하지만 어두운 그늘 또한 만들어요.

　'이거보다 더 잘해야 하는데…… 더 예뻐져야 하는데…… 만약 여기서 떨어지면 어쩌지?'와 같은 그늘을 말이지요.

　이런 친구들에게 "다음 시험을 잘 볼 것 같아?"라고 물어보면 "네. 그럴 거예요."라고 대답해요. 그리고 "그런데…… 잘하지 못할까 무서워요. 잘할 텐데 왜 불안한지 모르겠어요."라고 덧붙이지요. 계속 성공하고 있을 때는 이런 불안을 느끼지 못해요. 하지만 어떤 계기로 '나도 실패할지도 몰라.'라는 생각이 드는 순간 불안이 시작됩니다. 계기에는 어떤 것들이 있을까요?

　갑작스레 성적이 떨어진 경험.

　"옆집 지연이는 공부를 그렇게 못해서 어쩌니?"하고 지나가는 부모님의 한마디.

　'쟤는 진짜 못생겼어.'라고 속으로 비웃었던 기억.

　이런 사소한 일들이 계기가 되어 머릿속에서 경보가 울립니다. '실패하면 어떡하지? 실패하면 나도 욕먹을 거야!'라고 무섭게 울리지요.

　모두 "자신감을 가져라, 자존감을 높여라."라고 외치지만 때론 높은 자존감이 해를 끼치기도 해요. 특히 '나는 쟤보다 똑똑해. 예뻐. 잘

났어.' 같이 비교로 높아진 자존감이라면 그것은 가짜 자존감이에요. 남들보다 뒤처지는 순간 그 자존감은 갑작스레 허물어져 '나도 이렇게 되다니. 난 끝났어.'와 같은 불안의 늪에 빠뜨려요.

그런 나에게 진정 필요한 것은 '나는 남들보다 똑똑해. 그러니 훌륭해.'와 같은 가짜 자존감이 아니에요. '괜찮아. 훌륭하지 않으면 어때? 실패해도 괜찮아.'와 같은 너그러움이에요. 이를 심리학에서는 '자기자비(Self-Compassion)'[4]라고 부릅니다. 10번의 성공보다 1번의 실패가 더 아프고 괴롭다면 다음의 방법들을 실천해 보세요.

이미 잘하고 있는데도 습관적으로 불안하다면
/

나를 좀 더 평범하게, 너그럽게 대해 줄 필요가 있어요. '망치면 어떡하지?'라는 실패 불안이 나를 덮쳐올 때 다음과 같은 방법을 써 보세요.

방법 1 가장 어려운 사람과 대화하는 것처럼 내게 말해 주세요

만약 내가 제일 무서워하는 선생님이 "자동차가 고장이 나서 걱정이네."라고 말한다면 뭐라고 대답할 건가요? "그냥 자동차 폐차하고, 새것 사세요."라는 식으로 대답하지는 않겠지요. 설령 그게 솔직한 마음이라고 해도 아마 "너무 걱정되시겠어요. 그래도 괜찮을 거예요."라고 대답할 거예요. 가장 어려운 사람에게는 직접적인 말보다는 예의를 갖추고 그 사람의 마음을 돌보는 표현을 쓰게 되니까요.

문득 불안해질 때 내가 가장 어려워하는 사람에게 말하듯이 나에게 말을 걸어 보세요. 이것이 자기 자신에게 너그러워지는 방법의 핵심입니다. 어려운 사람을 대하는 것과 똑같이 나를 대하기. 혹은 가장 아끼는 사람을 대하듯이 자신을 대해 보세요.

만일 가장 친한 친구가 "나 시험을 망칠까 봐 너무 신경 쓰여. 어쩌지?"라고 말한다고 해 보아요. 그럴 경우 "너 시험 망치면 끝이야. 그

러니까 잘해."라는 식으로 대꾸하지는 않을 거예요. 그 친구의 마음을 최대한 공감해 주고 다독여 주려고 노력하겠지요.

나한테 가장 중요한 사람, 내가 제일 잘해 줘야 하는 사람은 친구도, 선생님도, 부모님도 아닌 바로 나예요. 불안에 빠진 나를 발견했을 때 말해 주세요.

"○○님, 괜찮아요. 너무 걱정 마세요."

처음에는 좀 어색하겠지만 두 번, 세 번 연습해 보세요.

방법 2 특별하지 않아도 괜찮아요

여러분은 '자존감을 높여야 행복해진다'라는 말을 많이 들어 봤죠?

'나는 특별해. 훌륭해. 나는 반짝반짝 빛나. 나는 나를 사랑해!'

하지만 이 말이 언제나 정답인 건 아니에요. '나는 특별해.'라는 우월감이 '나는 특별하니까 뒤떨어지면 큰일 나.'라는 불안을 만들기도 하니까요. 그것이 때로는 '더 잘하고, 더 뛰어나야 해.'와 같이 나를 몰아붙이기도 하죠.

그러면 여기서 질문을 하나 해 볼게요.

나는 항상 특별해야만 할까요?

한번, 이렇게 생각해 보면 어때요? '나는 실수도 하고, 못난 점도 있어. 모두 그런 것처럼. 굳이 특별하지 않아도 돼.'라고.

나 자신이 굳이 특별하지 않아도 괜찮다고 생각할 때 나도 남들처럼 실수하는 보통 사람이라는 걸 인정할 때 자신의 단점도 사랑할 수 있는 진짜 자존감이 생겨나요.

방법 3 자기 친절 명상법

갑자기 '나는 왜 이럴까?'라는 급성 불안이나 우울이 나를 덮칠 때 단번에 빠져나올 수 있는 놀라운 방법을 소개해 드릴게요. 아주 간단해요. 3분만 투자해 보세요.

잔잔한 음악을 틀어 놓으세요.

자리에 편안하게 앉으세요. 그리고 숨을 천천히 깊게 쉽니다.

그리고 지금까지 가장 행복했던 순간을 떠올려 보세요. 가슴이 따뜻해지고 입가에 웃음이 피어오릅니다. 행복했던 순간에 머무릅니다.

나에게 친절한 마음을 채우고 말해 보세요. 속으로 말해도 돼요.

내가 편안하기를…….

있는 그대로도 평온하기를…….

내가 건강한 사람이 되기를…….

내가 행복하기를…….

항상 건강하고, 편안하고, 행복하기를…….

나아가

우리 엄마, 내 친구들, 건강하고 편안하고 행복하기를…….

이렇게 세 번씩 자신에게 말해 주세요.

특별하지만 특별하지 않은 나에게 자상한 마음을 선물하세요.

3분만으로 마음이 따뜻해질 거예요. 꼭 한번 시도해 보세요.

제가 어떻게
거절하겠어요?

착한 아이 콤플렉스

주영이 이야기

저는 친구들 사이에서 착한 애로 통해요. 하지만 아무도 제 속은 몰라요.

저는 "싫다."라는 말을 못해요. 어제 학교 끝나고 집에 가는데 친구 세 명

이 갑자기 달려와 외쳤어요.

"얘들아! 오늘 주영이가 버블티 쏜대!"

"응?"

"고마워. 주영아!!"

"와! 주영이 최고! 역시 착한 주영이야."

"으…… 응."

거절 한 번 못하고 그 자리에서 2만 원이나 써 버렸어요. 이제 일주일 동

안 거지로 버텨야 해요. 이 정도는 그나마 참을 만한데……. 문제는 지난

주였어요.

"주영아 너 사회 잘하지? 부탁이 있는데…… 오늘 나 답지 좀 보여 줄 수 있어?"

'안 돼. 싫어. 네가 뭔데? 내가 그렇게 만만해?'

마음속에서 100번 거절했죠. 하지만 제 입에서 나온 말은 이것이었어요.

"그래."

가끔 거절도 하지만 계속 조르면 결국 또 내가 고개를 끄덕이고 있어요. 그리고 후회하죠. 웃고 있지만 마음은 울어요. 이런 식으로 계속 살면 어쩌나 하는 생각도 들고…… 겉으로는 쿨한 척, 성격 좋은 척하고 있지만 친구들 표정, 말투도 엄청 신경 써요. '난 왜 이 모양일까.' 하며 우울해집니다. 저는 도대체 왜 이럴까요? 어떻게 해야 할까요?

주영이에게 가장 먼저 이 말을 해 주고 싶어요. 친구를 위하는 건 참 훌륭한 일이에요. 주영이는 참 귀한 사람이에요. 세상에는 착한 친구보다 이기적인 친구가 훨씬 많으니까요. 주영이처럼 친구를 아끼고 위해 주는 친구는 정말 드물어요.

나쁜 남자, 나쁜 여자를 멋으로 생각하는 문화도 있지만 그건 모두 미디어가 만들어 낸 이미지일 뿐이에요. 사람들이 진정으로 원하고 가까이 지내고 싶은 사람은 주영이같이 마음이 예쁘고, 아름다운 사람이에요. 만약 바뀌어야 할 사람이 있다면 주영이를 힘들게 하는 친구들이에요. 주영이가 바뀔 필요는 전혀 없어요.

하지만 만약 이 예쁜 마음이 주영이를 괴롭게 한다면 이야기가 달라요. 마음이 너무 힘들어서 자신을 바꾸고 싶다면 한번 자신의 마음을 잘 살펴볼 것을 권해 주고 싶어요. 선생님이 함께해 줄 테니 잘 따라와 보세요.

인정 욕구에
사로잡힌 나
/

"넌 정말 좋은 사람이야. 착해. 친절해."

이런 칭찬을 싫어하는 사람은 없어요. 모두가 인정을 받고 싶고, 인기 있고 싶어 해요. 반대로 미움받는 일은 꺼리죠. 우리가 이런 본능을 가지게 된 이유는 크게 두 가지로 살펴볼 수 있어요.

인간은 매우 연약해요. 만약 혼자의 몸으로 자연에 던져진다면 늑대, 곰, 사자 등의 맛있는 먹잇감이 되겠죠. 반면 집단으로서 인간은 지구 최강의 종으로 군림해요. 그렇기에 인간은 늘 집단생활을 해왔어요. 집단에서는 인정받고 사랑받는 일이 매우 중요해요. 원시 시대 집단에서 미움받는 일은 광야에 홀로 버림받는 일과 같아요. 따돌림은 곧 죽음이죠. 이런 수십만 년을 거친 역사가 인간의 DNA에 인정 욕구를 새겨 놓았어요. 인간뿐 아니라 원숭이, 개, 기린 등 집단생활을 하는 동물들도 서로에게 잘 보이려는 습성이 있을 정도니까요.

이처럼 남들에게 잘 보이고, 미움받기 싫어하는 인정 욕구는 인간의 본능이에요. 인정 욕구가 없다면 그것이 오히려 비정상이죠. 하지만 '잘 보이고 싶다'는 인정 욕구를 넘어 거절이 무섭고, 미움받을까 봐 안절부절못하는 '인정 불안'을 느끼는 주영이 같은 친구들이 있어요.

인정 불안을 느낀다면 인정 욕구의 두 번째 원인을 자세히 살펴볼 필요가 있습니다.

나는 왜 이런 관계만 되풀이하는 걸까요?
/

'인정받고 싶다'는 마음은 내 개인적인 경험, 특히 어린 시절의 경험에서 나와요. 인간은 매우 연약한 존재로 태어나죠. 어렸을 때 우리는 살기 위한 먹기, 자기, 싸기 모두 부모님에게 절대적으로 기대어 살아요. 다시 말해, 아이에게 부모님은 '신'입니다. 아이는 신에게 사랑, 관심, 인정을 갈구해요. 다름 아닌, '살기 위해서'. 아이들은 크면서 점점 자기 스스로 살아가는 존재로 성장해 가는데, 간혹 신에게 이 인정을 갈구하는 욕구만큼은 그대로 남는 이들이 있어요. 실제로 인정 욕구가 커서 착한 아이 콤플렉스에 시달리는 친구 중 대다수가 부모님이 힘들다고 고백해요.

주영이의 엄마는 어렸을 적부터 인정과 칭찬에 인색했어요. 95점을 받아도 틀린 5점 때문에 혼이 났죠. 또한 주영이에게는 다섯 살 어린 동생이 있었어요. 엄마가 직장에 다닌 탓에 동생을 돌보는 건 늘 주영이 많이었죠. 동생이 실수하면 혼나는 사람은 동생이 아닌 주영이었어요.

가끔 엄마에게서 가물에 콩 나듯 인정을 받기도 했어요. 비록 냉담한 말투였지만, "고생했네. 애썼네." 같은 차가운 칭찬이라도 받으려고 주영이는 노력했어요. 엄마 눈에 들기 위해 더 열심히 동생을 돌보고 집안일도 했죠. 그럼에도 불구하고 "방 꼴이 이게 뭐니?", "너는 공부를 하는 거니 마는 거니?", "네가 누나인데 동생을 챙겨야지?" 같이 구박받을 때가 훨씬 많았어요. 그러는 동안 주영이의 마음속에서는 이런 생각이 자라난 거예요.

나는 '노력해도 인정 못 받는 사람'이야.
엄마는 '나의 잘못을 비난하는 사람'이야.
주변에 인정받으려면 '내가 희생'해야 해.

주영이의 이 생각은 친구들과 관계를 맺을 때도 영향을 미쳐요. 무의식적으로 말이죠. '내가 희생해야만 나를 인정해 줄 거야.'라는 착각은 엄마에서 시작해 친구와의 관계에서 반복됩니다. 이런 식으로요.

'만약 내가 시험 문제를 보여 주지 않으면 나를 싫어할 거야. 나를 나쁜 사람이라고 비난할 거야.'

주영이의 머릿속에서 이런 불안과 걱정이 무의식중에 스쳐 지나갑니다. 이 생각이 주영이를 거절을 두려워하는 아이로 만든 것이에요.

지금 주영이에게 필요한 것은 무엇일까요? 바로 '실망시켜도 괜찮다'는 누군가를 단단히 실망시킬(?) 용기예요. 이제부터 내 마음속에 숨어 있는 이 용기를 찾아볼까요?

방법 1 친구와 부모님은 달라요

거절에 대한 두려움은 거대한 착각일 수 있어요. 내 앞에 있는 사람을 무서운 엄마, 아빠로 착각하는 것이죠. 친구에게 거절의 말을 뱉는 순간, 그 애가 나를 미워하고, 비난할 거라는 불안과 두려움이 덮쳐 옵니다. 이것을 '인정 불안'이라고 해요. 이 인정 불안에서 벗어나려면 내가 착각하고 있다는 사실을 깨달아야 해요. 내 안에 있는 부모님의 그림자가 날 휘두르고 있지는 않나요? 하지만 그것은 그림자일 뿐 실제가 아닙니다. 눈앞의 인물은 친구임을 제대로 바라보아야 해요.

방법 2 인정 욕구 속 숨은 생각들을 꺼내 봐요

하지만 인정 욕구는 생존 본능과 연관되어 있기 때문에 무의식적이고 무척 강력합니다. '내가 착각하고 있구나.' 하는 생각만으로는 본능을 극복하기 어렵죠. 한 발 더 나가기 위해 내 착각을 말이나 글로 구체화해야 해요. 거절의 두려움이 느껴질 때 '나는 원래 소심해서 그래. 이렇게 생겨 먹었어.'라고 그냥 흘려보내지 마세요. 불안에 머물러 그 정체에 대해 곱씹어 보세요. 주영이 내면에 어떤 일이 일어나는지 구체적으로 살펴볼게요.

친구가 "답안지를 보여 줘."라고 했을 때 주영이에게 걱정과 불안이 덮쳐 옵니다. 그 불안을 천천히 들여다보면 '부탁을 들어줘야 인정받을 수 있어. 그렇지 못하면 미움받고, 비난받을 거야.'라는 생각을 발견할 수 있어요. 하지만 친구에게 반드시 인정받을 필요는 없어요. 또한 부탁을 들어주지 않는다고 해서 반드시 친구에게 미움과 비난을 받는 것도 아니에요. 만일 그런 관계라면 깨지는 것이 오히려 나에게 좋은 일이에요.

인정 욕구 속에 숨은 생각은 막상 꺼내 보면 황당하기 그지없어요. 하지만 불안이 덮칠 때는 이 생각이 바보 같다는 것을 미처 알아채지 못하죠. 그러니 불안이 지나가고 난 뒤에라도 천천히 이 생각들을 살펴

보세요. 아래의 방법으로 인정 욕구 속에 숨은 생각을 들추어 보세요.

'만약 내가 친구의 부탁을 거절하면 어떤 일이 벌어질까?'

+ 거절하는 두려움 살펴보기[5] +

사 건	감정 (점수)	인정 욕구 속에 숨은 생각	가능한 다른 해석 (합리적 반응)	결과 (점수)
친구가 답지를 보여 달라고 했다.	불안함 (60)	만약 부탁을 거절하면 친구가 날 미워할 거야. 딴 친구들에게 뒷담화할 거야.	이때까지 많은 부탁들을 들어줬어. 그리고 답안지를 보여 달라는 것은 나까지 위험해질 수 있는 일이야. 거절해도 이해해 줄 거야.	불안함 (20) 용기 (50)

'답안지를 안 보여 주는 나쁜 애라고 생각할까? 아니면 내 상황을 이해해 줄까?'

이렇게 자신의 두려움을 정면에서 마주 볼수록 그것이 실은 자기만의 비합리적인 생각이라는 것을 알 수 있게 됩니다. 그 결과, 인정 불안은 줄어들게 됩니다.

방법 3 마지막은 용기 한 스푼

거절과 두려움의 원천이 되는 생각들을 인식했다면 남은 것은 실천입니다. 친구가 무리한 부탁을 할 때, 그 도전의 순간을 피하지 말고 당당히 맞서는 것이 중요합니다. 불안 혹은 공포가 밀려올 때 피하지 않고 숨을 깊게 들이쉬세요. 표에 적어 놓았던 것을 되뇌어 보세요. "내 생각은 나만의 착각에 불과해.", "거절해도 나는 미움받지 않아. 괜찮아."

그리고 딱 한 발자국 앞으로 나가 보는 겁니다.

"미안해. 그러다 걸려서 나도 빵점 받으면 어떡해. 나 무서워."

딱 한 번만 행동하면 깨닫게 될 거예요.

생각 외로 별일이 생기지 않는다는 걸. 이건 행동으로만 얻을 수 있는 깨달음이에요.

'행동하라! 그 자체가 천재성이고, 힘이며, 마력이다.'

위의 격언처럼 백 번의 생각보다 한 번의 실천 경험이 가장 큰 힘이 됩니다. 두려움을 넘어서는 도약의 순간이 쌓이면 쌓일수록 '나를 비난할 거야. 미워할 거야.'와 같이 나를 괴롭히던 생각들이 사실은 내 마음이 만들어 낸 허상일 뿐이었음을 깨닫게 될 거예요.

만약 용기가 없다면 용기가 생길 때까지 벽을 보며 혼자 연습해 보세요. 이런 식으로 밖에 꺼내 놓고 마주할수록 불안의 힘은 조금씩 줄어가고 언젠가 실천할 힘이 생길 거예요.

진실된 인간관계를 만들려면……

혹시 'Yes가 나를 인기 있게 만들어 줄 거야.'라고 생각하고 있나요?

주변의 인정에 집착하면 '걔는 참 착해.'라는 평가를 두루두루 받을 수는 있겠죠. 하지만 진짜 깊은 우정을 만들지는 못해요. 타인의 마음을 얻고 싶다면 때론 자기감정을 솔직히 드러내야 해요. Yes를 하면, 상대방이 처음엔 좋아할지 몰라요. 하지만 언제나, 무조건적으로 Yes만 했다가는 결국 '쟤는 맨날 좋대. 속을 모르겠어.' 혹은 '바보 같아.'라는 비호감만 남을 거예요.

그보다 "안 돼. 왜냐하면……"과 같이 내 진심을 터놓는 것이 진짜 우정을 만드는 방법이에요. '내가 어째서 화가 났는지, 왜 기분이 좋았는지' 그 마음을 열어서 보여 주세요. 물론 실망하는 친구도 있겠죠. 그런 친구들은 결국 언젠가는 나와 멀어질 친구들이에요. 솔직한 마음을 드러내면 '어, 쟤는 나랑 잘 맞네.'라고 생각하는 친구가 나타납니다. 그 친구야말로 진짜 호감을 느끼고 다가오겠죠.

인간관계란 인정이 아닌 서로에 대한 이해를 바탕으로 두터워지니까요.

나는 왜 이리
못났을까요?

열등감 🔍

혜연이 이야기

제가 원래 열등감이 좀 심하고, 자신감이 많이 없는 편이에요. 열등감을 느끼게 만드는 아이가 매년 있었던 것 같아요. 특히 올해는 더 힘들어요. 저희 반에 저랑 이름이 같은 애가 있어요. 제 이름은 박혜연인데 그 애는 김혜연이에요. 참 괜찮은 애예요. 성격도 좋고, 예쁘고, 다들 좋아하고 인기 많은 그런 애죠. 이 아이 때문에 계속 위축돼요. 반에서 누가 "혜연아."라고 불러서 뒤를 돌아봤더니 나를 부르는 게 아니었죠. 김혜연을 부른 거였어요. 그 이후로 누가 "혜연아." 하고 불러도 잘 돌아보지 않아요. 괜히 돌아봤다가 저만 뻘쭘해지고 상처받게 되거든요.

저는 공부도 그저 그렇고, 친구도 많지 않고, 말도 재밌게 못해요. 그나마 나은 점을 찾자면 책을 좀 읽고, 글쓰기를 좋아한다는 것 정도. 그런데 그것마저도 무너질 일이 생겼어요.

"혜연아, 너 이번 독서 토론 대회 참가하지?"

"네."

"그래. 넌 평소에 책도 열심히 읽으니 잘할 수 있을 거야. 꼭 참여해라. 그럼, 박혜연도 참가해야지?"

"네? 전 안 하는데요."

"같은 혜연인데 너도 지면 안 되지. 열심히 해 봐."

실은 저 독서 토론 대회에 참가하려고 했어요. 준비도 열심히 했는데. 그런데 김혜연이 참가한다고 하니까 저도 모르게 안 한다고 대답했어요. 그리고 진짜로 하기 싫어졌어요. 저도 깜짝 놀랐죠. 제가 왜 이런지 저도 모르겠어요. 이날부터는 김혜연이 밉고, 왜 같은 반이 됐는지 원망스럽습니다. 그리고 소심한 제 모습에도 실망했어요. 부끄러워 누구에게 말도 못하겠고…… 이런 감정을 느껴야 한다는 것이 정말 슬프고 우울해요.

부모님 잔소리 중에 가장 듣기 싫은 말 1위는? 바로 남과 비교하는 것이에요.

그런데 그렇게 듣기 싫어하는 말을 자신에게 하고 있지는 않나요? 남과 나를 끊임없이 비교하며 스스로 상처받는 감정이 바로 열등감입니다. 우울과 가장 관련이 깊은 감정 중 하나이기도 하죠. 열등감을 살펴보기 위해 열등감의 최고 전문가를 초대해 볼게요. 그의 이름은 '알프레드 아들러(Alfred Adler)'입니다. 아들러는 "인간이 된다는 것은 자신이 열등하다고 느끼는 것이다."라고 말했을 만큼 열등감 극복에 평생을 바친 심리학자죠. 그 역시 어릴 때부터 열등감에 푹 빠져 살았어요.

아들러는 병으로 4살까지 걷지 못했어요. 5살 때는 폐렴으로 죽을 수 있다는 진단까지 받았죠. 겨우 진학한 초등학교에서는 공부를 너무 못해서 선생님이 "이 아이는 학교를 그만두고 구두 수선 수련을 받으시는 게 좋겠습니다."라고 권유했어요. 당연히 많은 형제들(4남 2녀) 사이에서 천덕꾸러기로 컸어요. 아들러는 항상 건강하고 똑똑한 형제와 주변 사람에게 열등감을 느꼈다고 고백했어요.[6]

훗날 아들러는 열등감을 동력으로 삼아 심리학을 공부하고 그만의 독창적인 상담 이론(개인 심리학, Individual Psychology)을 창시했을 만큼 열등감의 최고 전문가가 되었어요.

내 안의
열등감의 정체는?

/

아들러에 따르면 인간이라면 누구나 열등감을 가지고 있어요. 왜냐하면 조그마한 아기 시절에는 항상 자기보다 크고 강한 사람들에게 둘러싸여 있기 때문이에요. 기억도 안 나는 그 시절부터 '나는 못났다'는 열등감이 시작되고 치열한 경쟁 속에서 열등감은 점점 커지죠. 이렇게 열등감은 모두가 겪는 경험이에요. 문제는 우울을 부를 만큼 지나친 열등감에 사로잡힐 때죠. 아들러는 이것을 '열등감 콤플렉스(Inferiority Complex)'라고 불렀어요.

열등감 콤플렉스에 빠진 사람은 불행해요. 남과 나를 끊임없이 비교하죠. 혜연이처럼 열등감에 압도되면 "차라리 다 포기해 버리면 비교당할 일도 없어."라고 생각하게 돼요. 무능력한 모습을 보이고 비교를 당하느니 아예 포기하는 거죠. 스스로 무기력 속으로 걸어 들어가요.

이렇게 우울과 무기력에 빠뜨리는 열등감의 본질은 무엇일까요? 이 질문에 아들러가 던지는 답은 의미심장해요.

"그에 대한 대답은 오직 하나다.
각자 너무 높은 성공 목표를 정했기 때문이다."[7]

이 단 한 문장 속에는 우리 안 열등감의 정체와 극복 방법이 모두 담겨 있어요.

내 마음에 나도 모르는 목표가 숨겨져 있었어요
/

만약 열등감에 짓눌려 있다면 먼저 "무엇이 나를 열등감에서 해방시켜 줄까?"라고 질문해 보세요. 혹시 '전교 1등', '하루아침에 예뻐지기', '갑자기 인기 폭발' 같은 너무 커다란 목표가 떠오르진 않나요? 애초에 불가능한 목표를 정하고 이를 달성하지 못해 우울해지는 것은 참 안타까운 일이죠. 많은 친구가 어려운 목표로 괴로워하는데요, 그중 가장 불가능한 목표는 뭘까요? 바로 이것입니다.

"김혜연에게 이기고 싶다."

혜연이가 독서 토론 대회에 참여하려고 준비한 이유, 그리고 포기해 버린 진짜 이유는 '내 능력을 펼치고 대회에서 우승하겠어.'가 아니었어요.

마음속 깊은 곳에는 '어떻게든 김혜연보다 멋진 모습을 보여 줄 거야.'라는 목표가 있었어요. 그런데 갑자기 김혜연이 참가하려고 하자 두려움이 생겼던 것이에요. '김혜연도 참가한다고? 얘한테 지면 어떡하지?' 하는 두려움이요.

아들러에 의하면 열등감은 주변 사람과의 비교를 통해 만들어져요. 오빠의 무지막지한 힘, 언니의 똘똘함 등이 나의 열등감을 만들죠. 자연스럽게 '나도 오빠처럼 더 힘이 세지고 싶어, 더 키가 크고 싶어. 똑똑해지고 싶어.'라는 목표가 생겨나요. 하지만 이것은 겉으로 드러난 모습일 뿐 어린 시절 열등감 속에 숨은 진짜 목표는 이것이에요.

'내가 ○○해서 오빠보다 더 사랑받을 거야.'

바로 인정 욕구입니다.

실제 열등감에 괴로워하는 친구들에게 "○○만 없으면 제가 더 인기 있었을 거예요. 제가 미움받는 것도 ○○ 때문이에요." 같은 말을 자주 들었어요. "○○만 없었으면 내가 ○○와 베프가 됐을 텐데. 모두 걔 때문이에요."라고 말한 친구도 있었죠. 이런 깊은 열등감을 자주 느낀다면 더 인정받고, 사랑받고 싶은 욕구가 채워지지 못했을 가능성이 커요.

'내가 더 사랑받고 싶은데 쟤가 내가 받을 사랑을 뺏어가고 있어. 난 쟤 때문에 영원히 사랑받지 못할 거야.'

혜연이의 무의식 속에서 '김혜연'은 총량이 정해진 엄마의 사랑(친구들의 인기)을 두고 승부하는 형제(경쟁자)였던 거예요.

앞장의 주영이가 소극적인 형태의 인정 욕구를 지녔다면 혜연이의 열등감 속에는 적극적인 형태의 인정 욕구가 숨어 있어요. 둘 다 '완전히 채워질 수는 없다'는 점에서는 동일합니다. 만약 2학년이 되어 김혜연과 다른 반이 된다면 그걸로 혜연이의 열등감이 극복될까요? 불행히도 그렇지 못해요. '쟤만 없으면, 쟤만 아니면…….'이라는 생각을 들게 하는 또 다른 김혜연이 등장할 거예요. '누군가 내가 받을 사랑을 빼앗았어.'라는 상처가 깊게 자리 잡고 있기 때문이에요.

목표를 바꾸면
열등감이 사라져요
/

무의식 속에 숨어 끊임없이 나를 괴롭히는 이 열등감을 다루는 방법을 지금부터 알려 드릴게요.

방법 1 내 안에 숨어 있는 열등감의 정체를 알아보아요

여러분을 고통에 빠뜨리는 열등감을 극복하기 전에 먼저 내 열등감 속에 숨은 의도를 점검해 봐요. 나는 그 아이의 외모, 성적, 성격, 능력을 갖고 싶은 것인지 혹은 그 아이가 주변에서 받는 관심과 인정을 갖고 싶은 것인지 자신에게 질문해 보세요. 보통 이 둘은 섞여 있어요. 그러니 내 마음속에 둘 중 어느 쪽이 더 크게 자리 잡고 있는지 살펴보세요.

① "내가 바라는 것은 그 아이가 가진 능력이다." ( ) %

② "내가 바라는 것은 그 아이가 받는 인기와 인정이다." ( ) %

만약 열등감의 대상이 대부분 능력이었다면 바로 방법 3으로 가세요. 그런데 그 아이가 받는 관심, 인정이 고통의 가장 큰 원인이었다면 방법 2를 살펴보세요.

방법 2 인정과 사귐은 달라요

주변의 인정과 관심을 받지 못하면 고통스러운 친구들이 있어요. 이들은 인정, 관심 없이는 세상이 공허해요. 그게 심할 때는 '모두 나를 미워해.', '세상 모두 미워.'라고 생각해요. 그런데 인정에 집착하면 집착할수록 오히려 주변으로부터 더 멀어지게 돼요. 왜냐하면요.

① 인정에 집착하다 보면 주변의 눈치를 지나치게 보게 돼요. 우물쭈물하게 되고, 얼굴은 빨개지고, '이런 말을 하면 욕을 먹지 않을

까?'라는 생각에 우물쭈물 말하는 친구에게 매력을 느끼기 힘들겠죠? 반대로 과도한 관심을 끌려는 오버액션도 비호감이긴 마찬가지예요.

② 인기 있고 싶다는 마음을 털어내면 오히려 친구들이 다가와요. 이것은 대부분의 사람이 모르고 있는 인간관계의 비밀인데요. 진짜 호감은 무의식적으로 만들어져요. 친구를 사귈 때 '저 아이는 공부를 잘해서, 인기가 있어서, 예뻐서'와 같은 확실한 이유가 있나요? 만일 그게 이유라고 믿더라도 착각일 가능성이 높아요. 그저 예쁘다, 공부 잘한다는 이유로 사귄 친구는 금세 관계가 시들해질 거예요. 결코 오래갈 수 없어요. 누군가를 진짜 좋아하는 가장 큰 이유는 바로 '그냥'이에요. 예뻐서도 아니고, 공부를 잘해서도 아니고, 인기가 있어서도 아닌 '그냥' 끌리는 그 친구가 바로 내 안의 깊은 열등감을 채워 줄 수 있는 사람이에요. 특별한 이유 없이 '그냥 좋아서, 잘 맞아서, 재미있어서' 만나는 친구 말이죠.

결국 진짜 친구와 서로 사랑하고 아껴 줄 때 열등감은 서서히 사라져요. 내 마음의 인정 욕구가 진정 원하는 건 '쟨 진짜 날 좋아하는구나.'라는 느낌이니까요. 열등감을 해결하기 위해 김혜연을 이기려고 하지 마세요. 뭔가를 잘해서 더 우위에 서려는 것은 헛수고일 테니까요. 김혜연을 이겼다고 해도 잠시뿐, 곧 다시 그런 마음이 피어오릅니다.

대신 내 마음의 구멍을 채워 줄 진짜 친구를 찾으세요. 진짜 친구를 찾는 길은 길고 험난할 거예요. 중간중간 상처받을 일도 많을 거예요. 그 친구를 찾았을 때 마음껏 아끼고 사랑해 주세요. 그리고 사랑을 받으세요. '나 김혜연 진짜 짜증 나. 부러워서 죽겠어. 이름이 왜 같아?' 처럼 짜증을 부려도 돼요. 그런 열등감도 마냥 좋아하고 맞장구쳐 주는 친구가 있을 거예요.

방법 3 열등감, 나를 위해 이용해 봐요

'공부, 운동, 말' 같이 무언가를 잘 해내는 상대방의 능력에 열등감을 느끼고 있나요? 그렇다면 그 열등감은 극복해야 할 대상이 아니라 아주 건강한 욕구예요. 이에 대해 아들러는 이렇게 말합니다.

> "개인은 계속해서 열등감으로 채워지며
> 열등감에 의해 동기가 생긴다."[8]

아들러는 열등감을 성장을 이끌어 내는 긍정적인 요인으로 보았어요. 열등감에서 시작하는 우월성 추구가 성장으로 이끄는 원동력이 될 수 있어요. 아들러는 이렇게 말했어요.

> "심한 난시를 앓았던 시인 프라이타크는 뛰어난 업적을 남겼다.
> 사실 시인이나 화가 중에는 시력이 나쁜 경우가 많은데, 나쁜 시

력이 시각적인 것에 대한 더 큰 관심으로 이어진다. 프라이타크는 자신에 대해 이렇게 말했다.

'내 시력이 다른 사람들에 비해 나빴기 때문에 나는 환상을 적극적으로 활용하도록 훈련할 수밖에 없었어요. 이것이 훌륭한 작가가 되도록 나를 도왔는지 확신할 수는 없죠. 하지만 어찌 되었건 나는 사람들이 현실에서 보는 것 이상으로 환상 속에서 더 잘 볼 수 있습니다.'"[9]

이렇듯 열등감을 넘어서려는 노력이 잠재력을 꽃피우기도 해요.

내 안에 있는 비현실적인 목표 - 누군가가 되고 싶다는 목표, - 너무 높은 목표	나의 잠재력	현실적이고 구체적인 목표
김혜연처럼 되기.	난 친구 기분을 잘 헤아려.	친구들의 기분을 먼저 알아채고 위로해 주기.
전교 1등 되기.	책을 좋아해.	책을 통해 다양한 분야 알기.

건전한 우월성을 추구하기 위해 해야 할 일은 내 목표를 점검하는 거예요. 만약 나의 목표가 '○○처럼 되기'라면 이런 비현실적인 목표는 과감히 버리세요. 목표가 '누군가'여선 안 돼요. '무엇'이어야 건강한 목표입니다.

또, 목표는 작고 구체적일수록 좋아요. 그래야 성공을 자주, 많이 경험할 수 있겠죠? 비현실적인 목표를 쉽고 성공 가능한 작은 목표로 바꾸세요. 그리고 작은 목표부터 하나씩 완수하고 성취감을 쌓아 간다면 열등감은 점점 줄어들 거예요.

남이 여러분의 존재를 위협하게 방치하지 마세요. 여러분이 그리는 목표 또한 여러분 자신이어야 해요. 마지막으로 심리 치료에 대한 아들러의 생각으로 이번 장을 마치고자 합니다.

'심리 치료의 핵심은 증상을 없애는 게 아니라
목표를 바꾸는 것이다.'

어떻게 화를 내야 하는 건지 모르겠어요

감정 억압 🔍

수연이 이야기

저는 주변에서 "착하다."라는 말을 자주 들어요. 화를 안 내니까요. '제 성격을 잘 안 드러낸다고' 해야 할까요? 계속 감추다 보니 그게 습관이 됐나 봐요. 화가 나지 않아요. 음, 저번에 정윤이랑 같이 떡볶이를 먹었어요. 돈을 내는데, 더치페이하기로 했거든요. 정윤이가 나중에 주겠다고 해서 일단 제가 냈죠. 그런데 그 뒤로 아무 말도 없어요. 돈 언제 줄 거냐고 물었더니 나중에 주겠다고 하더라고요. 며칠 지나서 또 말했더니 "뭐 그런 걸 가지고 자꾸 쪼잔하게 굴어." 그러는 거예요. 분명히 화를 내야 할 상황인데 어떻게 화를 낼지 모르겠어요……. 어떨 때는 화가 나는 건지도 모르겠어요. 그냥 이럴 때마다 목뒤가 엄청 뻐근해져요. 목을 돌리지 못할 정도로요. 왜 이럴까요?

무던하고 어떤 일에도 화를 내지 않는 친구들 가운데는 기질적으로 감정의 기복이 없는 친구들이 있어요. 하지만 그런 친구들의 얼굴에는 그늘이 보이지 않습니다. 하지만 수연이 같은 친구들은 달라요. 언뜻 보기에는 순하고, 별문제가 없는 것 같지만 자세히 보면 얼굴에 모든 일을 포기한 것 같은 무기력함이 보입니다. 그것은 수연이가 감정이 무던하게 타고난 것이 아니라는 뜻이에요. 어떤 과정을 거쳐서 무덤덤해지게 된 거죠. 수연이 같은 친구들이 의외로 많아요. 제게 이렇게 이야기하는 친구도 있었어요.

"선생님, 전 원래 화가 안 나요. 태어날 때부터 그랬어요."

화가 안 나면 좋을 것 같은데 뭐가 문제일까요? 문제는 수연이 같은 친구들은 화뿐만 아니라 즐거움, 기쁨도 잘 못 느낀다는 거예요. 웃는 모습을 거의 못 본 친구들도 있어요. 그리고 되도록 혼자 있으려고 하고, 자주 우울해지죠. 수연이 같은 친구들은 정말로 분노라는 감정을 못 느낄까요? 수연이는 화가 난 걸까요, 안 난 걸까요? 이 답을 알기 위해 재밌는 심리 실험 하나를 소개해 드릴게요.

정말 내 안에
감정이란 게 없는 걸까요?
/

1960년대 미국에서 실시한 스탠리 샥터(Stanley Scachter)와 제롬 싱어(Jerome Singer)의 '에피네프린 주사 실험[10]'입니다. 이 실험에서 샥터는 실험 참가자들에게 에피네프린이란 신경 전달 물질을 주사했어요. 이 주사는 심장을 두근두근 빠르게 뛰게 만들죠. 그리고 참가자를 세 집단으로 나누고 나서, 보조 연구원을 참가자인 척 투입했어요. 물론 참가자들에게는 비밀로 하고요.

집단 ①   주사를 맞은 참가자들 앞에서 보조 연구원들이 매우 기뻐해요. 물론 연기죠.

집단 ②   주사를 맞은 참가자들 앞에서 보조 연구원들이 매우 짜증 내고 화를 내요.

집단 ③   참가자들에게 "주사를 맞으면 심장이 빨리 뛸 거예요." 라고 주사의 각성 효과를 사실대로 알렸어요.

실험이 모두 끝난 후 세 집단의 피험자들에게 "실험 중에 어떤 감정을 느꼈나요?"라고 물었습니다. 그 결과는 다음과 같았답니다.

집단 ①   기뻤다.

집단 ②   화가 났다.

집단 ③   아무 감정도 없었다.

재미있죠? 이 실험은 인간이 감정을 인식하는 데 주변 분위기가 중요하단 사실을 밝혔어요. 그런데 제가 이 실험에서 강조하고 싶은 것은 따로 있어요. 바로 인간은 감정을 신체 반응을 통해 곧바로 느끼지 않고 머리로 '해석'하는 과정을 거친 후에야 느낀다는 점이에요.

자, 심장이 두근대는 똑같은 신체 반응을 경험했음에도 세 집단의 사람들은 '기쁨', '분노', '무감정'으로 각기 다른 '해석'을 했어요. 주변의 상황을 보고 머리로 판단한 거예요. 이렇게 신체 반응과 감정 인식은 곧장 연결되지 않아요. 중간에 인지적으로 해석하는 과정이 들어가 기쁨, 분노, 혹은 무감정을 결정해요.

수연이처럼 화가 났는데도 머리로 '이건 별거 아니야.'라고 끈질기게 설득하면 결국 '별거 아니구나.'라고 스스로 해석할 수 있어요. "화 안 났어."라고 말할 수도 있죠. 제가 만난 친구 성희(가명)는 계속해서 "너 찐따지?"하고 놀림을 받았었어요. 한 달 동안 참고 참다 이제 말한다며 울었어요. 성희가 울면서 한 말이 아직도 기억에 남아요.

"저 걔한테 화 안 났어요. 화나서 우는 거 아니에요."

그 말이 참 마음이 아팠어요. 성희같이 분노를 부정하면 분노가 없어질까요? 이 질문에 답이 되는 이야기"를 소개해 드릴게요.

김용훈(가명) 씨는 목욕탕 세신사다. 김 씨에게는 이상한 증상이 있었다. 텔레비전만 보면 머리가 깨질 듯이 아팠다. 목욕탕에서는 TV를 거의 보지 않아 머리가 아프지 않았지만, 집에 오면 TV가 켜져 있었기 때문에 머리가 아팠다. 김 씨는 왜 머리가 아픈지 여러 병원에서 수많은 검사를 받아봤지만 뚜렷한 원인을 못 찾았다. 내과, 신경과를 거쳐 정신과까지 가게 되었는데 마침내 정신과에서 두통의 원인을 찾아냈다. 김 씨의 진단명은 신체화 증후군(Somatizing Syndrome)이다. 신체화 증후군이란 아무런 신체적인 이상이 없음에도 증상을 반복적으로 호소하는 질환이다. 몸의 문제가 아닌 심리적인 갈등, 정신적인 스트레스 때문에 두통이 온 것이다. 정신과 상담 결과, 김 씨는 심각한 부부 싸움을 자주 했고 그로 인해 큰 스트레스를 받았다. 부부 싸움을 할 때마다 TV가 켜져 있었다. 그래서 TV를 볼 때마다 머리가 아팠던 것이다.

몸에 이상이 없어도 스트레스만으로 몸이 아플 수 있어요. 이런 경우, 일반적인 방법으로는 원인을 찾지 못하죠. 또한 '억압된 분노' 역시 신체로 표출될 수 있어요. 이 경우에 속 쓰림, 복통, 월경통, 두통, 현기증, 신체 마비, 급격한 시력 저하 등 다양한 증상을 불러일으킬 수 있습니다.

정신 분석의 창시자 지그문트 프로이트(Sigmund Freud)에 따르면 수연이, 성희의 억압된 감정은 당장은 사라진 듯 보이지만 결코 없어지지 않아요. 없어진 척했을 뿐 주인 몰래 멀쩡히 피난처에 숨어 있죠. 이 피난처를 프로이트는 '무의식(Unconsciousness)'이라고 불렀어요.

피난처에 억압되어 있던 감정은 복수의 기회를 호시탐탐 노려요. 그리고 주인이 방심한 틈을 타 뛰쳐나와 주인을 괴롭혀요. 아무것도 아닌 일에 치솟는 짜증, 두통, 근육통, 불면증 등이 억압된 감정의 복수이죠. 마음의 감기라고 불리는 우울도 이 억압된 감정 때문이에요.

감정은 마음의
시그널이에요
/

　이렇게 감정을 계속 무시하면 우울이 더 깊어져요. 왜 그럴까요? 그 이유는 감정이 바로 '마음의 감각'이기 때문이죠. 감각은 경보를 알리는 시그널이에요. 배고픔은 영양분을 채우라는 신호, 칼에 베인 통증은 피를 막으라는 신호, 운동 후 근육통은 휴식을 취하라는 신호죠. 만약 배고픈데 먹지 않고, 피가 나는데 막지 않는다면 우리의 감각은 '왜 네 몸을 돌보지 않는 거야? 빨리 네 몸을 돌봐!'라고 성내요. 그리고 더 큰 굶주림, 더 강렬한 통증을 선사하죠.

　마음의 감각인 감정도 마찬가지예요. 분노 감정이란 내 마음이 억울하고 아프다는 것을 알리는 경보예요. 이 분노 감정을 '흥분할 것 없어. 별거 아니야.'와 같이 계속 무시하면 감정도 발끈해요. 그 결과로 우울, 불안, 불면증, 근육통, 신체화 증후군에 시달리게 되어 더 고생하지요. 이 모든 것은 감정이 여러분에게 외치는 메시지예요.

　'왜 네 마음을 소중히 다루지 않는 거야? 나를 보살펴 줘.'라고요.

　마음의 상처도 몸의 상처처럼 정성껏 치료해 줘야 해요. 하지만 그 방법을 잘 몰라 고통스러워하는 친구들이 아주 많아요. 지금부터 그 방법이 뭔지 살펴볼게요.

실컷 울어야
웃을 수 있어요
/

"감정을 쏟아내야 해."라는 말을 들어도 이미 습관처럼 감정을 숨기고 억눌러 왔기 때문에 어찌해야 할지 막막할 거예요. 한 번에 모두 다 해결해야 한다는 부담은 버리고 천천히 한 걸음씩 내디뎌 볼까요?

방법 1 지금 감정에 그대로 머물러 보세요

첫째는 자기감정을 인정하는 것이에요. 제가 성희에게 가장 먼저 한 말은 이것이었어요.

"얼마나 힘들었니? 화내도 괜찮아. 성희야."

성희도, 수연이도 화났지만 화나지 않았다고 자신을 설득시켰어요. 하지만 머리로 납득한다 해도 상처는 무의식에 남아요. 계속 곪아 가겠죠. 상처를 치유하기 위해서는 설득하지 말고 있는 그대로 화를 받아들여야 해요. 분노 감정에 머물러야 해요. '별것도 아닌데 뭐. 화내지 말자.'가 아니라 '진짜 열 받아. 나 몹시 화나.'라고 하세요. 분노를 있는 그대로 인정해 주세요. '여기 상처가 났어.'라고 인정하지 않으면 치료는 시작도 할 수 없습니다.

방법 2 실컷 울고 웃다 보면 무뎌진 감정이 돌아와요

영국에서 일어난 한 비극을 소개해 드릴게요.

유치원 보모에서 영국 왕세자비가 된 신데렐라, 다이애나 스펜서(Diana Frances Spencer)는 모든 영국인의 사랑을 받았다. 그런 그녀가 1997년 불의의 교통사고로 사망한다. 왕세자비의 죽음에 영국은 큰 슬픔에 빠졌고, 수많은 영국인이 눈물로 그녀의 죽음을 애도했다. 그런데 이 사건 직후, 흥미로운 현상이 관찰됐다. 우울증이나 정신적인 고통을 호소하며 치료받는 사람의 수가 급격히 줄어든 것이다. 이 신기한 현상은 '다이애나 효과(Diana Effect)'라 불리게 된다. 많은 전문가가 다이애나 효과의 원인으로 '눈물'을 지목했다. 다이애나의 죽음을 슬퍼하면서 우는 행동 자체가 감정의 해방구로서 정신적인 치료제 역할을 했기에 크고 작은 마음의 병이 치유된 것이다.

위 사건을 통해 감정의 상처를 치유할 두 번째 방법을 알 수 있어요. 그건 바로 '우는 거'예요. 화났다는 사실을 주변에 알리고 표현하는 거죠. 어이없을 정도로 당연한 일이죠? 그런데 이 당연한 일을 힘들어하는 수연이, 성희 같은 친구들이 많아요. 이 친구들을 답답하다고 탓하지 마세요. 이 친구들이 답답한 이유는 여리고 착해서이니까요.

무덤덤해 보이는 이 친구들의 마음속에는 '내가 화내면 친구들이 싫어하지 않을까?'라는 불안이 자리 잡고 있어요. 또는 '이러다 내가 폭발해 버리면 어쩌지? 친구에게 상처를 주면 어쩌지?' 같은 걱정도 있죠. 모두 화내면 큰일이 난다고 여기고 무서워하는 여린 마음이에요. 그 외에도 '화내는 건 나쁜 짓이야.'라는 죄책감, '착한 사람이 되어야 해.'라는 지나친 책임감이 분노가 드러나는 것을 막는 거예요.

하지만 걱정 마세요. 잘만 화내면 그런 일은 벌어지지 않아요. 우리에게는 공격적인 방법 외에도 분노를 표현하는 기술이 있어요. 바로 '말'이에요.

"진짜 짜증 나. 정윤이랑 떡볶이를 먹었는데 얘가 나중에 돈을 준다고 해 놓고서는 2주째 안 주는 거야. 그러고는 돈 달라는 나보고 쪼잔하대! 정말 미치는 줄 알았어."

이렇게 화난 감정을 말로 표현하려고 노력하다 보면 어느새 신기할 정도로 감정이 누그러진 자신을 발견할 수 있어요. 그렇게 참고 속으

로 스트레스를 받을 일이 아니었다는 생각이 자연스레 떠오를 거예요.

빨래를 세탁기 안에 젖은 채로 두면 결국 썩어요. 이것을 방지하기 위해 바깥으로 꺼내 햇볕에 말리죠. 분노도 마찬가지예요. 고통스러운 감정을 바깥으로 꺼내 밝은 빛을 비춰 주면 이내 수그러들죠. 감정을 억압하기 위해 속으로 중얼대는 '별것 아니네.'는 마음속에 곪은 상처를 남기지만, 밖으로 모두 꺼낸 뒤 중얼거리는 "별것 아니네."라는 홀가분함을 주죠.

누구든 좋아요. 분노를 꺼내 표현할 대상을 만드세요. 무턱대고 그 사람에게 화풀이를 하라는 이야기가 아니에요. 자신의 분노 감정을 터놓고 이야기할 사람이 있어야 한다는 거예요.

만일 그럴 만한 사람이 없다면 SNS, 커뮤니티도 괜찮아요. 공책에 자신의 분노를 적는 것도 좋은 방법이에요. 지금 '현재 감정'에 초점을 맞추세요. 훨씬 나아진 기분을 느낄 수 있을 거예요.

나의 분노를 나눌 대상 (지인 혹은 게시판, 공책)	1순위 :
	2순위 :
	3순위 :

언제?	
어디서?	
누구와?	
어떤 일로?	
0(분노없음)~10(폭발하는 분노) 사이의 점수로 나타낸다면?	
그 사건으로 내가 느낀 감정은?	
그 사건으로 인한 나의 신체 반응은?	
내가 받고 싶은 위로는?	
언제, 어디서 이 이야기를 나눌까?	

방법 3 화내도 돼요. 대신 현명하게!

셋째 방법은 상대에게 내 분노를 직접적으로 표현하는 일이에요. 수연이에겐 가장 힘든 일이죠. 공격적인 표현은 자칫 친구 관계의 파국을 가져올 수도 있기 때문에 조심해야 해요. 상대에게 화난 감정을 전달할 때 다음과 같이 준비하세요.

① 내가 화난 이유를 명확히 구체적으로 언어로 표현해 봅니다.
② 상대방에게 내가 화난 이유와 요구를 논리적으로 전달합니다.
③ 상대방의 말도 귀 기울여 들을 준비를 합니다.

이때 중요한 것은 감정을 억누르면서 동시에 드러내야 한다는 사실이에요. 억누른다는 얘기는 감정을 억압하는 것이 아니라 거친 표현으로 폭발하지 않게 조절한다는 뜻이에요. 내 마음을 명확히 전달하고 내가 원하는 바를 얻으려면, 감정을 폭발해선 안 돼요. 만일 감정이 폭발해서 소리를 지르고, 욕하며 분노를 전한다면 여러분의 의견은 사라집니다. "너도 ○○○했잖아!!" 하며 상대방도 방어적으로 나오게 돼요. 그러면 대화는 실패하고 모두의 마음에 상처만 남게 됩니다.

내 분노 감정을 상대가 이해하고 받아들이려면 내가 그것을 차분하게 그리고 명확하게 전달해야 해요. 차분해도 나의 화난 감정을 충분히 전달할 수 있습니다. 전달 수단은 '폭발'이 아닌 '말'이 되어야 해요.

"정윤아. 난 네가 날 좋아하고, 존중해 준다고 믿었는데⋯⋯ 그래서 나와 한 약속을 중요하게 생각할 거라고 믿었어. 나는 너랑 약속한 건 꼭 지키려고 노력하거든. 그런데 지금 나는 무시당하고 있다는 생각이 들어. 그래서 정말 속상하고, 화가 나. 그게 돈보다 더 화나."

몸의 상처는 즉각 처치하는 반면 마음의 상처를 돌보는 데는 소홀하지 않았나요? 마음의 상처를 아예 무시하고 있지는 않나요? 남들 입장만 신경 써 주느라 정작 내 상처를 무시하고 있나요? 그렇다면 프로이트의 말을 명심하세요.

"우울은 심리적 분노를 자신에게 돌린 탓으로 발생한다."

심리적인 분노를 꼭 말 혹은 글로 표현해 보세요. 말을 하면 할수록 내가 어떤 감정이었는지 정리되고 '그래, 나도 이런 감정이 들 수 있지.' 하고 자신을 수용하게 될 거예요.

욱하는 감정도
우울 때문이라고요?

성우 이야기

저는 화를 못 참아요. 정말 별것 아닌 일에 욱하죠. 지난주 급식에 탕수육이 나왔는데요, 제 걸 다 먹고 옆 친구의 탕수육을 뺏어 먹었어요. 그랬더니 그 친구가 "아이. 진짜…… 씨발……." 이러는 거예요. 갑자기 욱해서 친구를 발로 차버렸죠. 친구는 넘어지고, 급식판은 다 뒤집어지고 난리가 났어요. 물론 제 잘못도 있지만 갑자기 욕을 하니 확 돌아버렸어요. 작년에는 이 정도는 아니었는데. 중3이 되고 더 심해진 것 같아요. 아무것도 아닌 일에 짜증 내고, 욱하면 욕하고 물건도 던집니다. 적당히 해야 하는데……제가 생각해도 심한 것 같아요. 저는 어떻게 해야 할까요?

우울도
가면을 써요
/

우울해지면 기운 없고, 슬픈 감정이 든다고 알려져 있죠. 그런데 항상 그런 것은 아니랍니다. 우울은 여러 모습을 가지고 있어요. 특히 자기감정을 알고, 표현하는 데 미숙한 어린이, 청소년들의 경우 우울한 증상이 어른들과는 다른 형태로 나타날 수 있어요. 이를테면 다음과 같은 증상으로 나타나기도 해요.

- 소화 불량, 근육통, 두통이 계속된다.
- 즐겨 하던 일에 별 흥미를 느끼지 못하고 스마트폰만 본다.
- 평소와 달리 사소한 일에도 짜증이 난다.
- 평소 온순했던 행동이 산만하고 과격해진다.
- 물건을 던진다든지 욕과 같이 극단적인 말을 한다.
- 공격적, 파괴적, 반항적으로 행동한다.

이렇게 일반적인 우울증과는 다른 모습을 보이는 우울증을 '가면 우울증(Masked Depression)'이라고 해요. 우울이 꼭꼭 숨어 있는 것이죠. 가면 우울증의 대표적인 증상이 바로 분노 표출입니다.

성우는 언젠가부터 자신의 분노가 조절이 안 돼요. 이런 행동이 계속되면 다들 자기를 피할 거라는 걸 그리고 문제아로 낙인찍힌다는 걸 성우도 알죠. 그럼에도 불구하고 다시 사고를 치고 맙니다. 폭풍이 지나간 자리에 남는 것은 '후회'예요.

'다시는 화내지 말아야지.'라고 다짐하지만 머리로는 알아도 다시금 화가 끓어올라요. 수없이 반성하고 자책해도 그 순간이 되면 조절이 안 돼요. 그런 경험이 반복되면서 성우는 자신에 대한 믿음이 사라지고 그런 자신을 싫어하게 됩니다. 겉으로 표현하지는 않지만 속으로는 자신을 구제 불능이라고 자책하게 되지요. 가장 고통스러운 사람은 친구도, 선생님도, 부모님도 아닌 성우 자신일지도 몰라요.

이런 성우에게 시급한 건 잔소리나 벌이 아니에요. 가장 필요한 것은 성우의 마음을 이해해 보는 것이죠. 번번이 참지 못할 격한 분노를 심각하게 느낀다면, 그래서 고통스럽다면, 나의 의지에만 맡겨 둘 것이 아니라 뭔가 다른 해답을 찾아야 해요.

왜 자꾸 분노에
휩쓸려 버리는 걸까요?
/

자주 욱하는 분노에 휩쓸려 나 자신을 잃어버린다면 내 마음속 깊은 곳에 진짜 분노가 숨어 있는 것이에요. 급식실에서 친구가 한 욕은 그저 진짜 분노를 끄집어내는 방아쇠였을 뿐이에요. 사실 친구의 욕과 진짜 분노는 별 상관이 없습니다. 이 진짜 분노를 다루기 위해서는 내 마음 깊은 곳을 살펴보아야 합니다.

"선생님, 배가 아파 너무 힘들어요. 입원하고 싶어요."

"여러 방법으로 진찰해 봤지만 복통의 원인을 발견할 수 없었습니다. 환자는 꾀병을 부리고 있어요. 그러니 더 이상 치료할 수 없습니다. 이제 그만 오세요."

어떤가요? 이런 장면은 18세기 후반 유럽의 병원에서 흔히 볼 수 있었어요. 정신 질환을 치료하는 정신 의학은 19세기 초반까지 그 존재조차 인정받지 못했어요. 특히 우울, 감정 조절, 불안, 분노 폭발은 단지 이렇게 불렸죠.

'성격 문제.'

두통, 복통, 팔다리 저림, 마비 등의 신체화 증상은 이렇게 일컬어졌죠.

'꾀병.'

이런 환경 속에서 정서 문제로 정신과 몸 모두 아플 수 있다는 사실을 증명한 사람이 바로 지그문트 프로이트입니다. 그가 한 신경증 치료의 핵심 과정이 바로 '무의식 살펴보기'이죠. 앞서 살펴봤듯 무의식이란 분노 감정의 피난처예요. 우리 무의식에 분노 감정이 내재되어 있는 거지요.

무의식이 만들어지는 결정적 시기는 유아기(0~4세)입니다. 이 시기의 아이는 부모의 도움 없인 숨 쉬는 것조차 힘들 정도로 나약해요. 아이는 항상 부모에게 보살핌과 애정을 바라지요. 부모의 애정은 '나는 이 세상에서 살 수 있어.'라는 보증 수표이기 때문이에요.

반면 부모님의 싸늘한 눈빛, 차가운 말투, 짜증, 욕, 구타 같은 행동은 씻을 수 없는 공포, 상처 그리고 분노를 불러일으켜요. 그리고 무의식에 지울 수 없는 흔적을 남기죠.

우리 모두의 마음속에는 상처받은 내면 아이가 있어요. 어린 시절을 기억하지는 못하지만, 무의식 속에 있는 아이는 그 시절의 분노를 생생하게 기억하고 있어요. 문제는 이 분노를 다 커버린 지금 애꿎은 누군가에게 폭발시킨다는 점이죠. 친구들에게 지나친 폭력을 휘둘러 상담실에 오게 된 아이들 대부분은 어릴 적 부모님께 체벌을 받은 경험이 있어요.

"그 녀석이 잘못했으니 때렸죠. 잘못하면 맞아야 하는 거 아녜요? 저도 잘못한 거 있으면 당당히 맞아요."라고 말하는 친구도 있었어요. 이 말속에는 이런 뜻이 숨겨져 있어요.

"저도 맞았어요! 얼마나 무서웠는지 알아요? 얼마나 화났는지 아냐고요?!"

몸은 다 컸지만 무의식 속 아이는 여전히 어릴 적 상처에서 벗어나지 못하고 있는 거예요.

내 가슴속에 울고 있는 어린아이를 만나 보세요
/

폭발하는 분노에 휩쓸리는 것이 나를 망치는 행동이라는 것을 잘 알고 있어도 막상 그 순간이 오면 분노가 조절되지 않아요. 어떻게 해야 이 진짜 분노를 잘 다스릴 수 있을까요? 이제부터 그 방법을 살펴볼게요.

방법 1 위기는 바로 기회가 될 수 있어요!

갑작스레 솟아오르는 분노같이 영문 모를 감정에 휩싸이는 일은 아주 괴로워요. 자신을 잃어버리는 폭풍이 몰아친 후 찾아오는 허무함, 자괴감은 참 고통스럽습니다. 하지만 그 순간이 바로 내 무의식을 살펴볼 절호의 기회이기도 해요. 나도 모르게 날 휘두르는 강력한 무언가가 내 마음속에 있다는 걸 알아채는 일이 분노를 벗어나는 첫걸음입니다.

'내 안에 상처받은 아이가 있어. 그 아이는 어떨 때 반응할까? 그 아이는 무시당하는 느낌을 무척 싫어해. 내가 어렸을 적에 겪었던 아픔을 떠오르게 만들어서야. 지금 나는 친구들에게 화가 난 게 아니야. 어릴 적 엄마를 향한 분노를 엉뚱한 곳에 푸는 거지.'

정신 분석 치료에서는 이렇게 무의식 속 상처받은 아이의 존재를 깨닫는 것만으로도 큰 치료 효과가 있다고 해요. 내 분노가 사실 친구의 말 때문이 아니라, 내 아픈 기억의 흔적이라는 것을 아는 것만으로도 마음이 한결 진정됩니다.

방법 2 내 마음속에 꼭꼭 숨어 있는 내면 아이를 찾아봐요

프로이트는 무의식에 숨어 있는 갈등을 찾아내는 가장 좋은 방법으로 꿈을 이야기했어요. 꿈속에서는 하늘을 날고, 달에 놀러 가기도 하는 등 비현실적인 일들이 자연스럽게 펼쳐져요. 꿈은 이성, 도덕, 논리보다는 욕구, 감정이 지배하는 세상이기 때문이에요. 그래서 프로이트는 "꿈은 무의식에 이르는 왕도다."라고 했죠.

프로이트는 꿈을 해석하면 우리 안에 숨겨진 욕구나 억압된 무언가를 발견할 수 있을 거라고 생각했어요. 하지만 꿈을 해석하는 일은 매우 난해해서 훈련된 정신 분석가의 영역이라고 할 수 있죠.

그렇다면 현실에서 꿈과 비슷한 상황을 만들 수는 없을까요? 아무 눈치도 안 보고 도덕, 논리도 벗어버리고 내 마음을 있는 그대로 자유롭게 말할 수 있다면 숨겨진 내 욕구, 감정에 솔직해질 수 있을 것입니다. 내 무의식의 언저리에 도달한 것과 비슷한 상태가 될 수도 있겠지요.

이런 통찰에서 시작된 것이 프로이트의 '자유 연상법'이에요. 방법은 매우 간단해요. 아무 방해 없는 안락한 분위기 속에서 자기 생각을 편안하게 끊임없이 따라가는 겁니다. 보통 상담가가 질문을 통해 무의식에 숨은 욕구나 감정을 유도해 내요.

"어떤 점이 널 이렇게 화나게 했니?"

"혹시 전에도 이것과 비슷한 느낌을 받은 적 있어? 누구에게 그런 느낌을 받았어?"

"집에서도 비슷한 기분을 느낀 적 있니?"

하지만 혼자서도 충분히 할 수 있어요. 이런 식으로 자신에게 질문을 연상되는 대로 끊임없이 던지고 답해 보는 거지요.

내가 필요 이상으로 과하게 화난 이유는 뭘까? 친구가 잘못해서일까? 아니야. 내가 먼저 탕수육을 빼앗아 먹었잖아. 그런데 왜 이렇게 화가 났을까? 과거에 이런 경우가 또 있었나? 이런 비슷한 감정을 느꼈던 것 같은데. 그래…… 생각났다. 은수야. 걔가 죽이고 싶을 만큼 싫었어. 왜 그랬지? 그래, 걔가 나를 보는 시선이 짜증 났어. 잘난 척하는 말투도 싫었지. 내 뒷담화를 하고 다닌다고 생각했어. 왜 그렇게까지 생각했지? 과거에 이런 비슷한 감정을 느낀 적이 있었나? 은수가 하는 말투와 눈빛이 누구와 닮았어. 아, 엄마가 떠올라. 항상 혼내기만 하는 우리 엄마.

무의식의 흐름을 놓치지 않기 위해서는 생각만 하는 것보다는 소리를 내어 말하거나 글로 쓰는 것이 좋아요. 이때 과격한 언어(죽이고 싶다, 욕 등)가 튀어나와도 멈추지 마세요. 감정을 있는 그대로 따라가서 내면에 숨은 상처받은 아이를 발견해 보세요.

방법 3 많이 힘들었지. 이리 와. 괜찮아

폭발하는 분노에서 벗어나는 마지막 방법은 내 안의 숨은 그 아이를 위로해 주는 거예요.

"얼마나 힘들었을까. 억울했을까. 괜찮아. 내가 안아 줄게."라고 말하며 어린 자신을 다독여 주세요.

분노, 억울함에 휩싸여 있는 마음속 외롭고 불쌍한 아이를, 스스로 위로하고 달래 줄 수 있다면 나 자신을 휘두르는 분노 역시도 가라앉힐 수 있어요. 내 안의 아이에게 직접 위안의 편지를 써 줄 수도 있고, 우는 아이를 달래는 모습을 그림으로 그려 볼 수도 있어요. 가까운 사람과 내 안의 아이에 대해 대화를 나눠 보는 것도 좋은 방법이에요. 그 애가 얼마나 많이 힘든지, 가여운지, 그리고 얼마나 사랑스러운지 이야기해 보세요. 우리 안의 아이가 위로받은 만큼 마음도 평안을 찾을 거예요.

마지막으로 베트남의 스승으로 추앙받는 임제종의 고승 틱낫한(釋一行) 스님이 묘사한 분노를 다루는 방법[12]을 소개하는 것으로 이 장을 마치고자 합니다.

"화는 우리의 적이 아니라 보살핌을 간절히 바라는 아기다. 어머니는 아무리 바빠도 아기가 울면 왜 고통스러워하고 있는지를 살핀다. 만약 아기의 몸에 열이 있으면 열을 식히는 약을 먹이고, 배가 고파서 울었다면 따뜻한 우유를 먹이고, 기저귀가 너무 꼭 죄어 있었다면 기저귀를 풀어 준다. 화라는 아기를 돌보기 위해서는 일단 우리가 하던 모든 일을 멈추고 달려가서 의식적으로 품에 안고서 달래야 한다."

내 마음을 줄 용기를
잃어버렸어요

배신감

민영이 이야기

지현이랑은 중2 때부터 친구였어요. 고등학교에서 같은 반이 되고 지현이랑 또 다른 친구 둘, 이렇게 넷이 제일 친해졌죠. 그런데 그중 가장 친한 지현이가 저를 배신했어요. 지난주에 현장 학습이 있었거든요. 그런데 지현이가 저만 쏙 빼놓고 따로 카톡방을 파고 시간과 장소를 정한 거예요. 이 일을 다른 친구한테 듣게 되었어요. 그래서 지현이에게 따졌죠. 그런데 지현이는 그런 적 없다고 거짓말하는 거예요. 분명 자기 입으로 나를 빼자고 얘기해 놓고 어떻게 이럴 수 있죠? 지현이랑 정말 각별하다고 믿었는데 이젠 누구도 믿지 못하겠어요. 지현이 얼굴은 보기도 싫고, 학교 가기도 겁나요. 정말 눈물만 나네요. 친구를 다시 사귈 수 있을지 모르겠어요.

배신감이 무엇인데
이렇게 괴로울까요?
/

인간관계에서 배신감을 맛보는 건 정말이지 쓰리고 아픈 일이에요. 세상에 혼자 던져진 느낌이 들고, 다시는 누군가를 믿지 못할 것처럼 느껴져 강한 우울감이 찾아오죠. 민영이 같은 일을 당하면 지금뿐만 아니라 앞으로 만날 친구들조차 못 믿게 될 수도 있어요. 그렇기 때문에 무엇보다 치유가 필요한 감정이에요. 배신감을 절대로 가만히 두면 안 돼요. 자, 그럼 함께 배신감을 치료하는 여행을 떠나 볼까요?

"제 땅, 돈, 재산, 마음, 모든 것을 다 걸었어요. 그런데…… 그런데…… 다른 사람도 아닌 내 남편이 날 배신하다니……."
"정말 슬픈 일입니다. 안타깝군요. 하지만 명심하셔야 할 것이 있습니다. 다음에는 모든 것을 다 걸지 마십시오."
부인이 떠난 후 모든 사연을 들은 제자가 스님에게 물었다.
"저렇게 잘해 줬는데도 남편은 왜 배신했을까요?"
"모든 것을 걸었기 때문이지."
"그럼 부인의 책임이란 건가요?"
"그렇지."
"말이 안 됩니다. 스승님. 왜 부인의 잘못인가요?"
"그녀가 돈, 마음을 준 것은 큰 문제가 아니야. 그보다 더 큰 것을 남편에게 주었네. 그러니 배신당할 수밖에 없지."

"대체 그게 무엇인가요?"

"기대. 모든 배신은 기대에서 오네. 무엇이든 기대 없이 주면 돼. 그러면 애초부터 배신은 없지."

"애초에 바라지 않고 준다는 게 가능한지요? 그 무엇을 아무것도 안 바라고 줄 수 있단 말입니까?"

"사랑."

제자는 눈을 감은 채 한참 동안 생각에 잠겼다. 그리고

"스승님이 제 눈을 틔워 주셨습니다. 그런데…… 그래도 전 부인이 너무 불쌍합니다. 자신이 가진 모든 걸 다 걸었는데."

"넌 너 자신을 다 믿니?"

"……다는 아니지만 조금은 믿습니다."

"너 자신도 다 못 믿는데, 어떻게 남을 믿고 모든 걸 다 걸어?"[13]

이 이야기를 통해 배신감의 정체를 알 수 있어요. 배신감을 느껴 본 사람이라면 누구나 머릿속에 똑같은 생각을 떠올리죠. "어떻게 나에게 그럴 수 있지?"라는 생각이요. 즉, 배신감이란 '분명 걔는 나에게 이러이러한 것을 해 줄 거야.'라는 기대가 무너졌을 때 느끼는 감정이에요.

얼토당토않은 기대가
상처를 불러와요
/

누군가와 가까워지면 '내게 잘해 줄 거야. 나를 좋아할 거야.'라는 기대가 생겨요. 서로의 기대가 잘 맞는 친구를 만났을 때 우리는 큰 행복을 느끼게 되지요. 하지만 항상 기대가 딱 맞을 수는 없겠지요. 여러분은 성숙한 어른이 아닌 청소년이기에 종종 친구에게 너무 큰 기대를 걸기도 하고, 혹은 친구에게 너무 큰 기대를 받기도 합니다.

커진 기대가 충족되지 못할 때 배신감이 찾아오죠. 세상이 무너질 것 같은 좌절을 느끼게 돼요. 하지만 그건 여러분의 잘못이 아니에요. 누군가에게 기대한다는 것은 그만큼 그 사람을 진심으로 좋아했다는 뜻이니까요. 진심이 아니면 상처받지 않아요. 하지만 그럼에도 민영이 같이 배신감에서 헤어 나오기 힘들다면, 상처가 너무 깊어 더 이상 누구도 믿지 못할 것 같다면 이 기대를 살펴볼 필요가 있어요.

앨버트 엘리스(Albert Ellis)[14]라는 심리학자는 여러 종류의 비합리적인 기대가 심리적인 고통을 가져온다고 말했어요. 배신감으로 잠이 안 올 만큼 힘들고, 다시는 아무도 못 믿을 것 같다면, 여러분의 배신감 속에 다음과 같은 기대가 숨어 있지는 않은지 살펴보세요.

	예시
나에 대한 기대 (Self-Demandingness)	나는 친구들에게 인기 있어야만 해. 그렇지 못하면 나는 실패자야.
남들에 대한 기대 (Other-Demandingness)	내가 좋아해 준 만큼 친구도 나를 좋아해 줘야 해. 그렇지 못하면 걔는 벌을 받아 마땅해.
세상에 대한 기대 (World-Demandingness)	세상은 항상 공정하고, 내가 노력한 만큼 보답이 있어야 해. 그렇지 않으면 세상은 아주 무서운 곳이야.

이런 기대들이 민영이의 배신감 속에 숨어 있었어요. 이 기대가 나는 못난이로, 세상은 지옥으로 만들어 버렸어요.

어쩌면 기대가
나를 옥죄고 있는지도 몰라요
/

누군가가 좋아지면 자연스럽게 그 사람에 대한 기대가 생겨납니다. 때로는 이 기대가 나를 옥죄기도 해요. 기대는 자연스러운 감정이지만, 이 기대에 사로잡혀 내가 너무 괴롭거나 남을 괴롭히는 일은 없어야 합니다. 이런 과도한 기대에서 벗어나 즐거운 관계를 유지하는 방법을 함께 살펴볼게요.

방법 1 나는 어떤 기대를 품고 있는 걸까요?

배신감이 괴로운 이유는 잘못은 친구가 했는데 고통은 내가 받기 때문이죠. 고통에 짓눌릴 때 가장 먼저 할 일은 충분히 화내는 것에요. 하지만 아무리 화를 내도 진정되지 않는다면 먼저 내 기대를 점검해 보세요. 혹시 내가 내 기대에 깔려 숨 막혀 하고 있진 않나요?

내가 당연하게 생각했던 기대는 사실 꼭 당연한 게 아닐 수도 있어요. 세상에는 다양한 사람이 있고, 각자 다르게 생각하기 때문이에요.

친구의 마음이 내 마음과 꼭 같으면 좋겠지만 세상일은 내 생각대로 흘러가지 않아요. 다른 사람들도 마찬가지예요. 그 아이 나름대로

내 단짝은 언제나 나를 1순위로 여겨 줘야 해.	학창 시절 친구는 매년 계속 바뀌어. 단짝 친구, 소울메이트는 웹툰, 드라마에서 나오는 지어낸 이야기이지 대부분은 스쳐 지나가. 모든 친구에게 인기 있을 수도 없고 그럴 필요도 없어.
내가 해 준 것만큼 상대방도 꼭 내게 해 줘야 해.	내가 마음을 준 만큼 돌아오면 좋겠지만 때론 그렇지 못할 때도 있어. 나도 다른 애의 기대에 못 맞춰 준 적 있잖아?
착한 사람은 상을 받고 나쁜 일한 사람은 벌을 받아야 해.	지현이가 꼭 벌을 받았으면 좋겠어. 그렇지 못하면 속상하겠지만 그렇다고 그 애 때문에 더 이상 스트레스 받지 않을 거야.

는 최선을 다했다고 생각한 일이 내 기대에는 못 미칠 수도 있어요. 이 사실을 받아들이지 않으면 내 기대가 나를 더 숨 막히게 만들지 몰라요. 당연하게 여겼던 기대를 조금 내려놓으면 배신감의 고통도 조금은 옅어질 거예요.

방법 2 그 애는 어떤 아이였나요?

배신감을 극복하는 두 번째 방법은 상대의 행동 이외에 그 애의 속마음까지 생각해 보는 거예요. 인간은 보통 자기 입장은 맥락과 상황을 함께 봐요. 하지만 남에 관해서는 행동 그 자체로만 평가해요. '내로남불(내가 하면 로맨스 남이 하면 불륜)'이라고 하죠? 행동만 따로 떨

어뜨려 놓고 본다면 지현이는 정말 나쁜 아이입니다. 하지만 다른 면
은 없을까요? 저는 이렇게 물어보았어요.

"그 애와 어떻게 친해졌어? 혹시 그 애와 좋았던 일은 없었니?"

민영이는 곰곰이 생각하다 이렇게 이야기했어요.

"지현이는 원래 질투가 심했어요. 하지만 지현이는 내 말에 잘 웃
어 줬어요. 내 생일날 12시 땡 치고 축하 문자를 해 준 적도 있어요."

결국 나한테만큼은 착하기만 할 것 같은 지현이도 좋은 면, 못된 면
이 섞인 평범한 애라는 것을 민영이는 깨닫게 되었어요. 한 걸음 더
나아가 자신 역시 다르지 않다는 걸 깨닫는다면 아픔은 한결 나아질
거예요.

'우리는 절대로 타인에게 속지 않는다.

자기 자신에게 속을 뿐이다.'

요한 볼프강 폰 괴테(Johann Wolfgang von Goethe)의 말입니다. 나
의 배신감도 비슷할지 몰라요. '나한테는 잘할 거야. 나와는 각별해.'
라는 기대에 스스로 상처 입고 있진 않나요? 내 친구의 행동은 마음
대로 못해도 나의 기대는 바꿀 수 있어요. 이것이 가능하다면 앞으로
이런 일이 생긴다 해도 배신의 아픔을 조금이나마 수월하게 견딜 수
있을 거예요.

part three

편안한 내가 되는
작은 연습들

저 우울증인가요?
아니면 그냥 우울한 걸까요?

많은 친구가 "저 우울증이에요? 그럼, 정신병에 걸린 거예요?"라고 질문해요. 우울증이라는 말에 덜컥 겁을 먹기도 하지요. 하지만 걱정하지 마세요. 이렇게 질문하는 100명 중 99명은 우울증이 아니에요. 그저 우울감이 있을 뿐이죠. 우울감과 우울증을 착각한 거예요. 단순히 우울감이 심하다고 우울증은 아니죠. 우울증이라고 선언하기까지는 굉장히 엄격한 기준이 있어요. 한번 체크해 볼까요?

1. 거의 온종일 우울한 기분이 거의 매일 이어지며, 이것이 주관적인 느낌(예: 슬픔, 공허감, 아무런 희망이 없음)이나 객관적인 관찰 소견(예: 자주 눈물을 흘림)으로 확인된다.
2. 온종일 대부분의 활동에 대한 흥미나 즐거움이 줄어든 상태가

매일 이어진다.

3. 체중 또는 식욕이 심하게 줄거나 늘어난다.

4. 거의 매일 불면이나 과수면이 반복된다.

5. 정신 운동의 초조(예: 안절부절못함) 또는 지체(예: 생각이나 행동이 평소보다 느려짐) 현상이 나타난다.

6. 매일 피곤하고 활력이 없다.

7. 무가치감, 또는 지나치거나 부적절한 죄책감이 거의 매일 지속된다.

8. 사고력 또는 집중력이 감퇴하고, 결정을 못 내리는 우유부단함이 심해진다.

9. 죽음에 대한 생각이 되풀이되어 떠오르거나, 특정한 계획이 없는 자살 사고가 반복되거나, 자살을 시도하거나, 구체적인 자살 계획을 세운다.

이 아홉 가지 항목 중 1, 2번을 포함한 증상이 다섯 가지 이상 동시에 나타나야 '우울증'이라고 할 수 있어요. 그리고 이 증상들이 2주 동안 끊이지 않고 지속되어야 하죠.

1, 2번의 기준과 다르다거나(맛있는 것이 먹고 싶거나, 밖에 나가고 싶음), 아홉 가지 중 서너 가지 증상만 있다거나, 며칠 후 기분이 나아졌다면 걱정하지 마세요. 잠시 우울감에 시달렸을 뿐 우울증에 걸린 것이 아니에요.

하지만 우울증이 아닌 우울감이라고 해서 무시하면 안 돼요. 심한 우울감을 방치하면 우울증이 될 수 있거든요. 그럼 우울감에서 탈출하기 위해 먼저 나의 '그 녀석'이 얼마나 심각한지부터 알아보아야 하겠지요?

한국 우울증 검사(Korea Depress Scale)[15]
/
아래 문장을 잘 읽고 2주일 전부터 오늘까지 당신이 느끼고 생각한 것을 잘 나타내는 숫자에 체크해 보세요.

	문항	전혀 아니다	아니다	그저 그렇다	그렇다	매우 그렇다
1	나에게는 희망이 없다고 생각한다.	0	1	2	3	4
2	내 인생은 실패작이라고 생각한다.	0	1	2	3	4
3	나의 삶이 후회스러워 괴롭다.	0	1	2	3	4
4	가족이나 친구가 도와주더라도 울적한 기분을 떨칠 수 없다.	0	1	2	3	4
5	머리가 아프고 무겁다.	0	1	2	3	4
6	하고 있는 일에 마음을 집중하기가 어렵다.	0	1	2	3	4

7	나의 미래는 어둡다.	0	1	2	3	4
8	내 자신에 대해 무가치하고 창피스럽게 느낀다.	0	1	2	3	4
9	나는 불안정하고 안절부절못한다.	0	1	2	3	4
10	슬픔을 느낀다.	0	1	2	3	4
11	가슴이 답답하다.	0	1	2	3	4
12	하는 일마다 힘들게 느낀다.	0	1	2	3	4
13	나의 앞길은 기쁨보다는 불쾌감이 가득할 것이다.	0	1	2	3	4
14	아직까지 인생이란 살 만한 가치가 있다고 느낀다.	4	3	2	1	0
15	나는 과민하고 초조감을 느낀다.	0	1	2	3	4
16	비참하고 울고 싶은 기분이다.	0	1	2	3	4
17	식은땀 및 오한이 난다.	0	1	2	3	4
18	평소보다 말수가 줄었다.	0	1	2	3	4
19	내가 진정으로 원하는 것을 얻지 못할 것이다.	0	1	2	3	4
20	나의 삶은 허무하고 무의미하다.	0	1	2	3	4
21	이유 없이 오랜 시간 동안 걱정을 한다.	0	1	2	3	4

22	대부분의 시간을 울적하게 보낸다.	0	1	2	3	4
23	온몸에 열이 치민다.	0	1	2	3	4
24	최근에 내 문제를 해결하고자 하는 의욕을 상실했다.	0	1	2	3	4
25	나의 미래는 현재보다 더 행복할 것이다.	4	3	2	1	0
26	나는 되는 일이 없다.	0	1	2	3	4
27	나는 무섭고 거의 공포 상태다.	0	1	2	3	4
28	괜히 울적해서 운 적이 있고 지금도 그런 기분이다.	0	1	2	3	4
29	입안이 마르고 쓰다.	0	1	2	3	4
30	나는 많은 시간 동안 무력감을 느낀다.	0	1	2	3	4

※14, 25번은 거꾸로 계산하세요!

체크한 점수를 모두 더해 보세요.

남자 65점, 여자 70점 이상: 우울증이 분명하며 시급히 치료가 필요한 상태입니다.

남자 56점, 여자 61점 이상: 우울증이 의심되므로 전문가와의 상담이 필요합니다.

남자 40점, 여자 43점 이상: 우울증 가능성이 있지만 아직 우려할 정도는 아닙니다.

남자 39점, 여자 42점 이하: 당신은 우울한 상태가 아닙니다.

이 검사의 결과는 가능성을 말해 줄 뿐이고, 정확한 우울증을 진단해 주는 것은 아니에요. 정확한 우울증을 진단받으려면 의사 선생님의 도움이 필요해요. 하지만 이 검사로 나의 우울감이 얼마나 심각한지 정도는 알 수 있죠. 여러분의 점수가 남자 56점, 여자 61점 이상이라면 다음 내용을 잘 살펴보세요.

1. 만약 우울 때문에 죽고 싶은 생각까지 든다면 기억하세요. 우울증은 모두에게 찾아오는 감기 같은 흔한 병이에요. 누구에게나 올 수 있죠. 우리나라 인구의 15% 이상 평생 한 번은 겪는다고 할 정도예요. 미국, 유럽에서는 우울증 때문에 병원에 가는 건 매우 흔하다고 하죠. 감기처럼요. 뇌의 신경 물질(세로토닌)이 부족한 것이 우울의 주범인데 이것을 조절하는 치료 약들은 굉장히 많아요. 병원에 가서 적절한 약을 처방받는 것이 가장 빠르고 효과적인 길이에요.

2. 만약 병원이 부담스럽다면 나의 상처를 함께 나눌 전문적인 상

담을 추천해요.

① 학교 상담실, 교육청 Wee센터: 담임 선생님, 학교 상담 선생님에게 부탁하면 가장 빠르게 상담을 받을 수 있어요.

② 청소년상담복지센터: 국가에서는 전국 시, 군, 구 단위로 청소년상담복지센터를 운영하고 있어. 학교에 알리는 것이 부담스럽다면 www.cyber1388.kr에서 우리 지역 상담 센터의 연락처를 찾은 후 신청해 보세요. 저렴한 가격, 혹은 무료로 상담을 받을 수 있어요.

③ 국번 없이 1388, 핸드폰은 지역 번호+1388: 누군가를 마주하는 것이 부담된다면 전화 상담이 가능해요. 국가에서 운영하며 24시간 언제든지 전문가가 여러분을 위해 대기하고 있어요.

④ #1388, 카카오톡 플러스 친구에서 #1388과 친구 맺기: 문자나 카톡으로도 상담이 가능해요. 역시 24시간 대기하고 있어요.

⑤ 채팅, 게시판, 댓글 상담: 청소년 사이버 상담센터(www.cyber1388.kr), 대한정신건강재단(www.mind44.co.kr) 홈페이지에서도 다양한 방법으로 상담이 가능해요.

상담은 한 번에 만족하기 힘들어요. 나를 편안하게 만들어 주는 상담사를 만날 때까지 시간이 걸릴 수도 있어요. 한 번의 상담에 실망하지 말고 여러 번 시도해 보세요.

우울증에 가장 효과적인 것은 첫 번째가 약물 치료, 두 번째는 전문가와의 상담입니다. 하지만 꾸준히 노력한다면 혼자서도 우울을 물리칠 수 있어요. 지금부터 그 방법을 알려 드릴 테니 잘 따라오세요.

힘내지 말아요.
노력하면 안 돼요

"조금만 힘내!"

"괜찮을 거야. 파이팅!!"

"다들 힘들어. 나도 힘들고. 너만 힘든 줄 아냐?"

"긍정적으로 생각해 봐!"

우울하다고 말할 때 많이 들어 본 격려들이죠? 맞아요, 정말 도움 안 되는 응원이에요.

우울의 늪에 빠져 본 사람은 알 거예요. 우울은 예고 없이 갑작스레 찾아와요. 먹구름이 깔리며 세상이 온통 회색빛으로 변하죠. 깜깜한 터널 속에서 쉴 새 없이 공포, 불안이 따라오는데 그 정체는 알 수 없어요. 세상이 색을 잃고, 무감각해지며, 말하기도 귀찮아질 수 있어요. 그 와중에 한 가지 감각만은 생생히 살아 있죠.

'내가 필요 없는 인간'이라는 느낌.

이런 상황에서 과연 힘을 낼 수 있을까요? 아니요. 심각한 우울 속에서는 '힘'이 없어집니다. 내 안의 에너지가 0인데 어떻게 힘을 내고 파이팅하겠어요? 긍정적으로 생각하는 게 가능하다면 우울할 게 뭐가 있겠어요?

내 안의 에너지가 0일 때 제일 먼저 해야 할 일은 이거예요.

'최선을 다해 아무것도 하지 않기.'

억지로 힘낼 필요 없어요. 파이팅하지 마세요. 무조건 쉬세요!!!

수행 평가, 시험, 친구와의 약속, 학원 가기 등. 그 어떤 중요한 일보다 당신의 마음이 훨씬 중요해요.

우울감의 극복은 암벽 등반과 비슷하다고 볼 수 있어요. 땀, 눈물, 용기 그리고 무엇보다 휴식이 필요하죠. 아무리 훌륭한 등반 루트를 알고, 기술이 있어도 움직일 에너지가 없으면 아무 소용없어요. 휴식은 그 에너지를 모으는 매우 생산적이고 목적 지향적인 활동이에요.

반대로 우울에 대처하는 최악의 방법은 무엇일까요?

바로 '힘내는 것'이에요.

'우울하면 안 돼. 힘을 내야지! 우울을 없애기 위해 뭘 해야 하지?
더 열심히 공부하고, 일하고, 친구들과 만나서 더 떠들고 더 즐거워져
야지. 아, 운동도 해야지.'

이렇게 노력하려는 결심이 도리어 우울의 함정에 빠지게 만들어요.
우울에 싸움을 거는 순간, 우울은 더 커질 거예요.

그래도 '뭔가를 해야 한다'는 초조한 마음이 들 때는 자신에게 이렇
게 이야기해 주세요.

"지금 나를 몰아붙이는 건 나를 망치는 길이야. 가장 필요한 건 아무것도 안 하는 거야. 우울이 지나갈 때까지 조금만 참고 기다리자."

명심하세요! 먹구름은 싸울 상대가 아니라 잠시 피할 존재란 걸.

나에게 휴식을 주는
활동을 적어 보세요!

/

예) 누워서 드라마 보기, 온종일 잠자기, 맛있는 음료를 마시며 음악 듣기
1.
2.
3.

우울은 '이것'을 가장 두려워해요

휴식을 취하면서 에너지가 조금은 생겼나요? 그럼 이제 우울을 조금씩 지워 볼 차례예요.

심리학에서는 인간을 세 가지 관점으로 보아요. 바로 생각, 감정, 행동(인지, 정서, 행동)이지요. 이 세 가지 기둥으로 심리를 관찰한답니다. 이 관점에서 우울의 심리는 이렇게 분석됩니다.

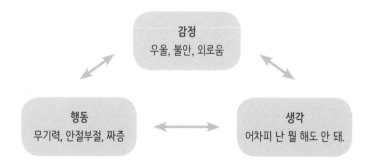

이 세 가지 기둥은 상호 작용합니다. '안 될걸. 뭐.'라는 생각은 불안, 우울의 감정을 불러일으켜요. 이 생각과 감정 때문에 아무 행동도 할 수 없어요. 반대도 마찬가지예요. 방 안 침대에 누워 온종일 스마트폰만 보는 행동은 우울, 외로움을 불러옵니다. 이 우울한 감정은 '나는 할 수 있는 게 없어.'라는 생각을 불러일으켜요.

이렇게 생각, 감정, 행동은 서로 영향을 주고받으며 강화됩니다. 우울감을 해결하기 위해서는 이 세 기둥의 연결 고리를 끊어야 해요. 한곳만 잘라도 균형은 와르르 무너집니다. 어디를 공략하면 좋을까요? 보통 어른들은 "네 생각을 바꿔!"라고 이야기해요. 하지만 삐! 오답입니다.

감정 – 지금부터 기분이 좋아질 거야.
생각 – 나는 뭐든 할 수 있어. 긍정!

이렇게 마음먹으면 감정과 생각이 금방 변할까요? 아니오, 순간의 결심으로 생각, 감정은 변하지 않아요. 두 기둥은 단단합니다. 세 기둥 중 가장 약한 곳은 바로 '행동'입니다.

행동 – 지금 나가서 뭐라도 하자.

어때요. 이건 가능하죠? 물론 우울감이 심할 때는 방 밖을 나가는 것조차 굉장히 힘든 일이죠. 하지만 행동하는 쪽이 감정, 생각을 변화시키는 것보다 훨씬 쉽습니다.

앞서 우울증의 최고 치료법은 약과 상담이라고 했어요. 그런데 놀라지 마세요. 상담사나 의사 없이 약을 먹지 않고도 홀로 실천할 수 있는, 게다가 약과 상담만큼의 효과가 증명된 치료 방법이 딱 하나 있습니다.[16] 바로 '운동'입니다.

네, 우울이 가장 두려워하는 적은 바로 '운동'이에요. 걷기, 조깅, 수영, 자전거, 배드민턴, 운동의 종류는 뭐든 상관없어요. 30분 이상 움직여서 약간 숨이 차게만 만들어 주면 효과가 나타나요. 시간이 부족하다면 10분이라도 좋아요!

몸의 컨디션이 마음의 건강에 미치는 영향은 생각보다 커요. 졸리고, 피곤하고, 아픈 상태라면 우울에 굴복하기 쉬워요. 반대로 푹 자고, 가뿐한 상태로 움직이면 쉽게 우울해지지 않습니다. 이렇듯 몸의 컨디션은 생각, 감정에도 영향을 줍니다. 조금은 '할 수 있지 않을까?'란 생각도 들고 기분도 좋아지죠. 그리고 감정을 조절할 힘도 생깁니다.

자, 다음 방법을 시도해 보세요.

방법 1 너무 길지도 짧지도 않게 적절히 잡니다(7~9시간)

장기적인 수면 부족[17]도, 너무 오랜 시간 자는 과도한 수면[18]도 우울과 관련 있어요.

방법 2 끼니를 거르지 않고 식사합니다

단식이나 폭식은 금물이에요. 원래 배고프면 짜증이 나는 법이죠.

방법 3 약간 숨이 찰 정도로 운동을 합니다

30분 이상 약간 숨이 차는 운동을 해 보세요. 기분을 '업'시키는 엔도르핀(Endorphins)이라는 호르몬이 분비됩니다.

+ 건강은 행복의 기초입니다. 여러분은 자신의 몸을 아껴 주고 있나요? +

내가 하고 있는 내 몸을 아끼는 행동	내가 하고 있는 내 몸을 해치는 행동
예) 아침 매일 먹기	예) 스마트폰으로 인한 수면 부족

마음 습관이
편안한 나를 만들어 줘요

행동 다음으로 공략할 기둥은 무엇일까요? 감정, 생각 중 무엇이 더 변하기 쉬울까요? 바로 생각입니다. 감정보다는 생각이 더 잘 변합니다. 감정은 본능적이지만 생각은 그나마 조절이 가능하기 때문이지요. 그러니 이번에는 생각에 대해서 살펴볼게요.

수많은 우울증 환자를 치료하며 인지 심리 치료를 개발한 미국 정신과 의사 아론 벡(Aron T. Beck)은 우울증의 뒷면에는 자기 자신이 미처 깨닫지 못한 마음 습관(Automatic Thought, 자동적 사고)이 자리하고 있다고 말했습니다.

이 마음 습관은 어떤 것을 말하는 것일까요? 아론 벡의 이야기[19]를 함께 들어 보죠.

1959년 어느 날, 저는 우울한 여성을 치료하고 있었어요. 그녀는 갑자기 "이 엉터리 의사!"라고 화를 냈어요. 그러고는 나를 무섭게 비난했어요. 깜짝 놀랐지만 저는 되도록 침착하게 물었죠.

"지금 어떤 감정을 느끼세요?"

그녀가 당연히 '화났다'라고 말할 줄 알았는데, 대답이 예상 밖이었죠.

"죄책감을 느껴요."

저는 정말 황당해져서 이 죄책감에 대해 그녀와 함께 이야기했어요. 처음에는 그녀도 죄책감을 왜 느끼는지 잘 몰랐어요. 한참 후에야 그 죄책감의 정체가 밝혀졌죠.

그녀는 '나 따위가 화를 내고 남을 비난하다니. 나는 나쁜 사람이야. 선생님도 나를 싫어할 게 분명해.'라고 생각했던 거예요.

더워, 갑자기 짜증이 나. → 그렇다고 선생님께 화내면 안 되는데…… → 나는 나쁜 사람이야. → 죄책감이 느껴져.

이렇게 갑작스레 난 짜증이 죄책감으로 발전했던 거예요. 저는 환자에게 "괜찮아요. 당신은 나쁜 사람이 아니에요."라고 말했지만 환자는 믿지 않았죠. 계속 자책했어요. 저는 이러한 마음속의 중얼거림이 다른 환자에게도 있는지 조사했습니다. 그 결과, 우울증을 앓고 있던 환자들 대부분이 자기도 모르게 발동하는 독특한 사고 회로가 있다는 걸 알게 되었어요.

아론 벡은 우울증 환자들이 지닌 이 '독특한 사고 회로'를 마음 습관이라고 말했어요. 나도 모르게 나를 우울하게 만드는 생각이 바로 '마음 습관'이에요. 지금부터 벡이 꼽은 대표적인 부정적인 마음 습관들을 살펴볼게요. 우울로 힘들어했던 여러분이라면 분명 '어, 나도 이런 생각을 한 적이 있는데?' 하며 공감 가는 부분이 있을 거예요. 잘 살펴보세요.

+ 우울을 부르는 10가지 마음 습관 +

1	내가 아는 모든 사람에게서 인정받고 사랑받아야 해. ➡
2	내가 쓸모 있는 사람이 되려면 공부, 외모, 친구 관계 같은 모든 면에서 능력을 보여야 해. ➡
3	내가 쓸모 있는 사람이 되려면 공부, 외모, 친구 관계 같은 모든 면에서 단점을 보여 주면 안 돼. ➡
4	일이 내 뜻대로 풀리지 않는 건 끔찍한 일이야. ➡

5	내 슬픔과 우울은 영원할 거야. 통제할 수 없어.
	➡
6	두려운 일이 있으면 이 일에 대해 계속 걱정하고 생각해야 해.
	➡
7	나는 나보다 강한 누군가에게 의지해야 해. 그 사람이 없으면 끝장이야.
	➡
8	내 과거의 상처는 앞으로 영원히 내 삶에 피해를 줄 거야.
	➡
9	어떤 문제든 완전한 해결책이 항상 있어. 만약 이걸 못 찾으면 나는 망해. 나는 쓸모없어.
	➡
10	친구가 기다리지 않고 먼저 간 이유, 선생님이 혼낸 이유는 나를 싫어하기 때문이야.
	➡

우울을 부르는 마음 습관을 편안한 마음 습관으로 바꿔 보세요.

'최고 혹은 최악'과 같이 지나치게 이분법적인 생각.

어떤 일을 지나치게 과장하거나 파국이라고 여기는 생각.

'모두 내가 못나서 그래.'라고 자신을 비난하는 생각.

이런 것들이 대표적인 우울을 부르는 마음 습관이에요. 이 마음 습관들은 나도 모르게 튀어나와 나를 상처 입혀요. 마음 습관이라고 부르는 이유는, 습관처럼 거의 자동으로 나타나는 생각이기 때문이에요. 이 자동적인 생각에 맞서기 위해서는 마음 습관이 발동되는 순간에 의식적으로 '네가 왔구나.'하고 깨달아야 해요. 그리고 허점을 파고들어야 하죠.

한번 시도해 볼까요? 내가 가장 많이 하는 자동적인 생각을 골라 왜 잘못됐는지 생각해 보고 위의 빈칸에 긍정적인 생각으로 바꿔 보세요. 되도록 내 경험을 생각하며 작성해 보면 더 좋아요. 다음의 답안을 먼저 보시면 안 돼요.

+ 편안한 마음 습관의 예시 +

	내가 아는 모든 사람에게서 인정받고 사랑받아야 해.
1	➡ 모두에게 사랑받는 건 불가능해. 내가 좋아하는 한 명한테라도 잘해 줘야지. 한 명의 마음을 얻는 것도 쉽지 않아. 남의 마음을 조종할 수는 없어. 그저 노력할 뿐이야.

2	내가 쓸모 있는 사람이 되려면 공부, 외모, 친구 관계 같은 모든 면에서 능력을 보여야 해.
	➡ 나는 슈퍼맨이 아니야. 좋아하는 것, 잘할 수 있는 것만 하기도 힘들어. 그리고 남의 눈에 어떻게 보일지 신경 쓰는 것은 스트레스야. 남의 시선을 신경 쓸 시간에 내가 좋아하는 일을 하자.
3	내가 쓸모 있는 사람이 되려면 공부, 외모, 친구 관계 같은 모든 면에서 단점을 보여 주면 안 돼.
	➡ 모두 단점을 가지고 있어. 별것 아냐. 승찬이는 허술한데 친구들은 좋아하잖아? 때론 맹하게 보이는 것이 더 매력적으로 보일 때도 있어.
4	일이 내 뜻대로 풀리지 않는 건 끔찍한 일이야.
	➡ 망할 수도 있어. 살다 보면 이런 일도 있지 뭐. 또 기회가 올 거야.
5	내 슬픔과 우울은 영원할 거야. 통제할 수 없어.
	➡ 아, 죽을 것 같아. 그래도 종종 우울해 봤잖아? 먹구름도 언젠가는 지나가.
6	두려운 일이 있으면 이 일에 대해 계속 걱정하고 생각해야 해.
	➡ 이미 끝난 시험, 고민한다고 달라질 것도 없더라. 보내 버리고 다음에 잘해야지.
7	나는 나보다 강한 누군가에게 의지해야 해. 그 사람이 없으면 끝장이야.
	➡ 재희가 없으면 정말 아무것도 못할 줄 알았는데, 학교가 바뀌니 어떻게든 지내게 되더라. 이 일도 시간이 지나면 어떤 식으로든 풀릴 거야.

8	내 과거의 상처는 앞으로 영원히 내 삶에 피해를 줄 거야. ➡ 그 일 때문에 아직도 친구 보는 게 무서워. 하지만 저번 학기에 비하면 엄청 나아졌잖아? 시간이 흐르면 괜찮아질 거야.
9	어떤 문제든 완전한 해결책이 항상 있어. 만약 이걸 못 찾으면 나는 망해. 나는 쓸모없어. ➡ 망쳐도 어쩔 수 없지. 나는 나름 열심히 했는걸? 이 정도 한 것만으로도 잘 한 거야.
10	친구가 기다리지 않고 먼저 간 이유, 선생님이 혼낸 이유는 나를 싫어하기 때문이야. ➡ 친구가 바빴겠지. 선생님은 집에서 부부 싸움을 하고 왔나 봐. 나 때문이 아니야. 내가 나를 괴롭히지는 말아야지.

이 답안은 예시일 뿐이에요. 여러분께 꼭 맞는 더 좋은 답을 만들 수 있어요. 지금 적은 답들을 버리지 말고 꼭 보관하세요. 이 '편안한 마음 습관'을 어떻게 더 이용할지는 다음 장에서 살펴볼게요.

마음 습관 덕분에 걱정이 사라졌어요

우리 모두에게는 수많은 걱정거리가 있죠. 친구, 성적, 부모님 등 각자에게 유독 아픈 부분이 있어요. 누군가 이 걱정을 건드렸을 때 마음 습관이 튀어나와 '나는 쓸모없는 인간이야.'라는 절망에 빠지게 돼요. 이 순간이야말로 바로 여러분이 직접 개발한 '편안한 마음 습관'을 사용해야 할 때예요.

걱정이 엄습해 불안해질 때 "지금 내 마음속에 어떤 생각들이 스쳐 가지?"를 관찰하세요. 그리고 빨리 그 생각을 아래 기록지에 적어 보세요. 기록하기 전 앞장의 편안한 마음 습관들을 다시 읽어 보면 더 좋아요. 덮쳐 오는 우울의 뿌리가 한 번에 뽑히진 않을 거예요. 그래도 반복하다 보면 조금 더 편안해진 나를 발견할 수 있을 거예요.

+ 마음 습관 기록지[20] +

사 건	감정 (점수)	마음 습관 (내가 이 생각을 얼마나 믿는지 점수)	가능한 다른 반응	결과 (변화된 점수)	앞으로의 행동
가은이가 약속을 취소했다.	우울 (90) 분노 (20) 불안 (60)	① 같이 놀아도 재미없으니까 내가 싫고 귀찮아진 거야.(90)	① 그냥 가은이가 바빴겠지. 이건 우울함이 날 속이려고 만든 착각이야. 확실하지도 않은 일로 굳이 확대해석해서 괴로워하는 건 내 손해지.	우울(50) 분노(10) 불안(30) ①자동적 사고(40) ②자동적 사고(30)	가은이와 다시 약속을 잡아 본다.
		② 가은이가 날 버리면 난 끝장이야.(70)	② 예전에 나는 또 다른 친구인 재희가 없으면 정말 아무것도 못할 줄 알았는데, 학교가 바뀌니 어떻게든 살아지더라. 이번 역시 마찬가지야. 가은이가 날 버린다면 괴롭겠지만 어떻게든 되겠지.		

사 건	감정 (점수)	마음 습관 (내가 이 생각을 얼마나 믿는지 점수)	가능한 다른 반응	결과 (변화된 점수)	앞으로의 행동

179 ···

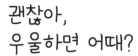

괜찮아,
우울하면 어때?

지금부터 간단한 실험을 해 볼게요.

1. 뱀을 생각하지 마세요.

이 순간 여러분의 머릿속에는 어떤 생각이 떠올랐죠? 뱀이 사라졌나요?

2. 뱀을 생각할 경우에 얼마나 힘들지 생각해 봐요. 뱀이 징그러워 불안해지고, 뱀한테 물려 죽을 수도 있다고 생각하니 무섭고…… 뱀을 생각한다는 것은 참 나쁜 일이에요. 그러니 생각하지 말아요.

성공했나요? 실패했다고요?

① 무작정 잊기.
② 뱀이 얼마나 나쁜 동물인지 생각하기.

이 방법들로 뱀이 머릿속에서 지워지나요? 아마 여러분 모두 똑같이 대답할 거예요.

"아니요. 오히려 뱀이 더 생각나요!"라고요.

무언가를 '생각하지 말아야지.' 혹은 '잊어야지.'라고 다짐하면 할수록 오히려 그 생각은 머릿속을 지배해요. 우울도 마찬가지예요. '우울하면 안 돼.'라는 걱정이 나를 더욱 우울에 사로잡히게 만들죠.

우울을 극복하는 건 '우울하지 않는 것이나 우울을 잊는 것'이 아니에요. 우리가 "우울할 수도 있어. 우울해도 괜찮아."라고 말할 때 비로소 우울을 극복하고 편안해질 수 있어요.

마치 아프리카의 영양처럼요.

아프리카 초원에서 사자가 덤벼들자 영양들은 깜짝 놀라 정신없이 도망간다. 운 나쁜 영양 두 마리가 사자 무리에 잡혔다. 영양 떼는 눈앞에서 동족이 먹이가 되는 것을 지켜본다. 사자는 배를 채우고 유유히 사라졌다. 살아남은 나머지 영양들은 다시금 초원에서 평화롭게 풀을 뜯어 먹는다. 아무 일도 없었다는 듯이.

죽을 뻔하고서도 곧바로 평화롭게 풀을 뜯는 영양, 참 신기하죠? 다시 사자가 돌아올까 불안해야 마땅할 것 같은데 말이에요. 몇 분 뒤에 죽을 수도 있는데 평온하게 밥을 먹는 영양의 공포, 우울을 순식간에 벗어나는 능력은 참 놀라워요. 인간은 꿈도 못 꿀 마음 다스리기의 고수이지요.

그렇다고 영양이 머리가 나빠 공포와 우울을 경험하지 않는 것은 아니에요. 그저 빨리 그것에서 벗어나는 것뿐이지요. 영양은 어떻게 이렇게 빨리 불안과 우울에서 벗어날까요? 우리도 이 능력을 배울 수 있지 않을까요? 이 능력의 비밀은 이것입니다.

'지금 이 순간을 산다.'

사람은, 특히 우울에 빠진 사람은 현재에 살지 못해요.

'다음 주 시험인데…….'

'현장 학습에 누구랑 같은 조를 짤까?'

'쟤가 그렇게만 안 했어도 내가 이렇게 힘들지는 않을 텐데…….'

이렇게 끊임없이 미래와 과거가 내 마음을 파헤쳐요. 과거, 미래를 반복해 곱씹는 일(반추, Rumination)은 우울감의 가장 큰 원인 중 하나예요. 특히 과거의 실패, 창피했던 일, 슬프고 화났던 일을 후회하고, 앞으로 다가올 일을 계속 부풀려 걱정하는 일에 시간을 쓰다 보면 우울해질 수밖에 없어요. 이미 지나간 일에 대해서 딱히 내가 할 수 있는 일도 없고, 바꿀 수도 없기에 더욱 불안, 분노, 우울이 찾아옵니다. 앞으로 벌어질 일도 마찬가지예요. 미래는 변수가 너무 많고 확정되지 않아 불안정할 수밖에 없어요. 그런 걸 지나치게 걱정하면 당연히 우울해져요.

여기서 불안, 우울 같은 고통에서 벗어나는 방법은 간단해요. 아프리카 영양처럼 현재 순간의 삶에 집중하는 것이지요. 어떻게 이런 신비한 일이 벌어지는지는 다음 장에서 자세히 설명해 드릴게요.

현재에 집중하여 산다는 생각을 바탕으로 개발한 최신 우울 치료방법이 바로 '마음 챙김'이에요. 방법은 정말 간단해요. 언제든 실천할 수 있어요. 아무것도 하지 않고 숨만 쉬면서도 실천이 가능해요. 지금 이 순간 나에게 주의를 기울이기만 하면 됩니다.

예를 들어 여러분이 걸을 때 발바닥에 무슨 느낌이 나는지, 다리의 어느 근육에 힘이 가장 많이 들어가는지 기억이 나나요? 평생을 걸어왔지만 잘 기억나지는 않지요. 왜냐하면 우리가 걷는 것에 집중하지 않기 때문이에요. 그 대신 걸으면서 시험, 친구, 학교와 같은 무수한 생각들을 하지요. 이것은 과거와 미래에 사는 것이에요. 걸을 때, 멍하니 창밖을 바라볼 때, 심지어 숨을 쉴 때도, 내 몸과 마음에 집중해 보세요. 별것 아니죠? 그런데 이렇게 내 몸에 집중하기만 해도 우울이 거짓말 같이 줄어든다고 해요.

미국 매사추세츠 대학 병원에서 처음 시작한 마음 챙김 프로그램(MBSR: Mindfulness-Based Stress Reduction)은 현재 전 세계 1,000개가 넘는 의료, 상담 기관에서 이용된다고 해요. 우울, 불안, 스트레스 감소가 과학적으로 입증된 치료 방법이랍니다.

이제 우리 생활에서 어떻게 '마음 챙김'을 할 수 있을지 자세히 살펴볼게요.

불안한 사람은 미래에 살고, 화난 사람은 과거에 산다.

_ 불교 격언

우울이 당신에게 감추고 싶어 하는 세 가지 비밀

자, 그렇다면 우울을 벗어나게 해 주는 마음 챙김 연습 중 가장 쉬운 것부터 해 볼까요? 바로 호흡 마음 챙김 훈련입니다. 호흡에서 시작하여 차차 신체 다른 활동으로 넓혀 나갈 거예요. 마음 챙김을 실천하다 보면, 현재를 더 인식하게 될 거예요. 그리고 기분이 맑아지는 게 느껴질 거예요.

호흡 마음 챙김은 방법도 간단해요. 바로 인식하면서 숨을 쉬는 거죠. 여기에 호흡 마음 챙김 가이드를 마련했습니다. 더도 말고 딱 5분만 투자해 보세요.

① 호흡 마음 챙김(5~10분)

(3~10분짜리 편안한 음악을 들으면서 하면 더욱 효과가 있어요.)

• 몸과 마음을 편히 하세요.

• 어깨에 힘을 빼고 호흡에 마음을 모으세요.

• 숨이 들어올 때 배가 늘어나는 느낌, 나갈 때 배가 줄어드는 느낌을 느끼세요.

• 숨이 들어오고 나갈 때 배 안쪽의 미세한 느낌을 느껴 보세요.

• 호흡을 통제하지 않고 다만 몸이 하는 호흡을 있는 그대로 지켜보세요.

• 호흡을 얼마나 길게 지속하는지, 얼마나 세게 나오는지, 숨이 들어오고 나가는 순간이 언제 바뀌는지 알아차려 봅니다.

• 바깥에서 어떤 소리가 들리면 그것을 듣지 않으려 하지 말고 '응, 이런 소리가 나는군.'하고 알아차리고 지나가게 합니다. 소리와 다투지 마세요.

• 머릿속에서 다른 생각이 나면 생각을 안 하려고 하지 말고 '응, 이런 생각이 나는군.'하고 알아차리고 내려놓으세요. 생각과 다투지 마세요.

• 나는 여기 있고, 내 몸은 호흡을 하고 있고, 내 의식은 또렷이 호흡을 지켜본다는 걸 느끼세요.

어때요, 기분이 나아졌나요?

아마 호흡 마음 챙김 중 과거와 미래, 친구, 가족, 과제, 시험, 카톡, 게임, 유튜브로 인한 감정이 나를 덮쳤을 거예요. 이때 '생각을 안 할 거야.'라고 절대 싸우려 하지 마세요. '응, 그래.'하고 알아차린 후 흘려보내고 다시 호흡으로 돌아오면 돼요. 중요한 것은 항상 현재의 감각에 집중해야 한다는 점입니다.

얼핏 보면 이 활동이 우울과 무슨 관련이 있는 건지 모르겠죠? 그런데 신기하게도 마음 챙김은 불안, 우울을 획기적으로 줄여 주는 현재 세계에서 가장 인기 있는 우울 치료법이에요.

가장 기본적인 호흡 마음 챙김이 익숙해졌다면 또 다른 마음 챙김[21]을 시도해 보세요.

② 먹기 마음 챙김

- 손으로 집었을 때, 냄새를 맡았을 때, 입술에 닿았을 때 어떤 느낌인지 집중하세요. 내가 어떻게 반응하는지도 느껴 보세요. 침이 분비되거나 먹고 싶다는 생각을 알아차리세요.
- 음식의 질감, 씹을 때 느낌, 혀의 움직임, 혀가 느끼는 맛, 눈과 코와 입의 움직임, 씹을 때 드는 생각에 집중해 보세요.

③ 걷기 마음 챙김

- 걸으며 발바닥의 감촉, 다리 근육은 어떻게 구부려지고 늘어나는지 느끼세요.

- 땅의 감촉, 피부에 닿는 바람, 턱의 움직임, 팔의 흔들림을 느껴 보세요.

④ 일상의 마음 챙김

- 샤워를 할 때 물과 비누가 피부에 닿는 느낌, 씻을 때 느낌, 씻고 나서의 피부 느낌에 집중해 보세요.
- 치약의 맛을 느끼고 잇몸의 감촉과 손의 움직임을 의식하며 이를 닦으세요.
- 마음이 답답할 때 내 호흡이, 내 피부가, 내 체온이, 내 생각이 어떻게 반응하는지 느껴 보세요.

신체 감각을 중심으로 한 마음 챙김에 어느 정도 익숙해졌나요? 그렇다면 이제 마음에 집중해 우울함을 없애 주는 마음 챙김 방법을 알려 드릴게요.

⑤ 우울할 때 하는 마음 챙김(5~10분)

- 편안히 앉아 있거나 침대에 누우세요. 온몸에 힘을 풀고 어깨를 툭 떨어뜨리세요.
- 처음에는 준비 운동으로 1분간은 호흡을 하며 배에 공기가 들어오고 나가는 것에 집중하는 마음 챙김을 하세요.
- 눈을 감고 머릿속 생각들을 풀어 놓으세요. 마음껏 떠돌아다니도

록 두세요.

- 과거의 기억, 방금 본 유튜브, 시험 걱정, 즐거웠던 생일 파티, 귀에 들어오는 에어컨 소리, 코가 간지러운 느낌일 수도 있어요. 어떤 생각, 느낌이든 괜찮아요. 그저 떠오르는 생각을 '왜 이런 생각이 들까?'라며 분석하지 말고, '이런 생각하면 안 돼.'하며 판단하지 말고, 그저 '응, 그래. 이런 생각이 왔구나.'하고 알아차리고 지켜보기만 하세요.

- 그 생각에 따라오는 우울, 걱정, 부끄러움, 억울함, 화남, 즐거움 같은 감정도 '왜 이런 감정이 들까?'라며 분석하지 말고 또한 '이런 감정은 나빠.' 식으로 판단하지 마세요. 그저 '응, 그래, 내가 지금 이런 감정이 드는구나.'하며 알아차리고 지켜보기만 하세요.

- 생각, 감정이 의식의 강 위에서 마음껏 떠돌다 흘러가도록 두세요. 잠시 뒤 다른 생각, 감정이 흘러 들어옵니다. 그저 들어왔다 가는 것을 알아차리세요.

- 어떤 생각, 감정도 통제하지 말고 들어오고 흘러 나가는 과정을 가만히 지켜보세요. 우울, 불안, 부끄러움 모두 느끼고 흘려보내세요. 그저 들어왔다가 간다는 것을 알아차리세요.

이 마음 챙김을 실천하다 보면 우울이 여러분에게 감추고 싶어 하는 세 가지 비밀을 온몸으로 체험할 수 있어요. 그게 무엇인지 제가 미리 알려 줄게요.

1. 나는 현재가 아닌 과거, 미래에 살고 있었다

호흡, 걷기 등의 마음 챙김을 처음 할 때 이런 생각이 듭니다.

"어? 쉬워 보이는데 생각보다 잘 안 되네."

머릿속에 수많은 생각이 지나갑니다.

친구에게 놀림받았던 일, 배신당했던 일, 망친 시험 같은 과거의 아픔.

답장 없는 카톡, 중간고사, 대학 입시 같은 미래의 걱정.

이러한 생각들이 끊임없이 나를 침범해 도무지 내 호흡에 집중할 수 없었을 거예요. 인식하지 못하고 있지만 정도의 차이가 있을 뿐 우리 모두는 과거, 미래에 얽매여 살고 있습니다. 하루에 많은 시간을 과거를 후회하고, 미래를 걱정하는 데 보내죠.

우울이 심할수록 과거, 미래에 집착하는 시간은 훨씬 더 길어집니다. 그래서 현재 바람이 뺨을 스치는 느낌, 나무의 푸르름, 파란 하늘에 뜬 하얀 구름들, 가족과 친구들의 웃는 얼굴을 쉽게 지나칩니다. 현재의 즐거움을 놓치고, 바꿀 수도 없는 과거, 미래에 집착하며 하루의 대부분 시간을 보낸다는 사실을 깨달아야 합니다. 이를 깨닫고 나의 현재를 되찾을 때 우울은 나와 멀어지게 돼요.

2. 나는 내 생각, 감정이 아니다

"나는 구제 불능이다."라는 말은 틀립니다.

"내가 구제 불능이라는 생각이 든다."가 맞습니다.

'죽을 것 같아. 미쳐 버리겠어. 영원히 우울할 거야.'라고 당신은 굳게 믿을지 모릅니다. 하지만 그 믿음은 틀렸습니다.

'죽을 것 같아. 미쳐 버리겠어. 영원히 우울할 거야.'라는 생각이 드는 것일 뿐입니다.

생각과 당신은 다른 존재입니다. 아무리 죽을 것 같더라도 실제 죽지는 않습니다. 미쳐 버릴 것 같다는 생각이 든다면 미친 것이 아닙니다. 진짜 미친 사람은 미치겠다는 생각을 하지 않습니다. 그러니 여러분의 감정, 생각과 여러분을 동일하게 여기지 마세요. 우울이 여러분을 지배하려고 만드는 착각에 넘어가지 마세요. 우울의 주인은 여러분입니다.

3. 생각, 감정은 시간이 흐르면 결국 지나간다

생각과 감정은 강물, 바람과 같아요. 흘러갑니다. 그 빈자리는 어느새 다른 생각, 감정이 채웁니다. 시간이 얼마나 걸릴지의 문제일 뿐이죠.

돌고 돌아 다시 찾아오기도 해요. 그러나 결국 다시 흘러갑니다. 그 흐름을 알아차리는 나는 변함없이 그 자리에 서 있어요. 불안, 우울 같은 감정이 생겨났다 사라져도 이를 지켜보는 당신만은 여전히 그대로 그 자리에 있어요.

나는 내 생각과 다르며 내 생각보다 더 큰 존재예요. 우울은 결국
사라져도 여러분은 사라지지 않아요. 그 자리에 계속 있을 거예요. 이
사실을 머리가 아니라 온몸으로 느끼고 체험하는 것이 마음 챙김의
목표입니다. 마음 챙김은 우울과 싸우지 않아요. 대신 우울을 더 깊게
느껴서 껴안죠. 있는 그대로 경험할 때 우울은 그 힘을 잃습니다. 만
약 다시 우울이 찾아오면 웃으며 대답해 주세요.

'응, 그래. 네가 찾아온 것뿐이야. 얼른 지나가렴.'

```
┌─────────────────────────────────────────┐
│                                     ▓▓▓  │
│   우울하다고                              │
│   행복을 놓치지 마세요                     │
│                                           │
└─────────────────────────────────────────┘
```

우울하다고
행복을 놓치지 마세요

나를 괴롭히는 나미[22]

나는 막 새로운 집에 이사해 친구들을 초대하는 파티를 열려고 해요. 집을 멋지게 꾸미고, 맛있는 음식을 준비했어요. 드디어 집들이 날, 손님들이 하나둘 도착합니다. 모두 웃으며 즐거운 시간을 보내요. 더 많은 손님이 옵니다. 초인종 소리에 웃으면서 문을 여는 순간에 내 얼굴은 흙빛으로 변합니다. 나미가 서 있습니다. 나미는 내 이웃으로 "잉"하는 짜증 나는 소리를 내고, 별 이유 없이 나를 비난하며, 물건을 훔치는 예의 없는 사람입니다. 나는 재빨리 문을 닫았지만 실패합니다. 문틈에 나미의 발이 끼어 있었어요.

"제발 가 줘요. 부탁이에요."

"나를 집 안으로 들여보내 줄 때까지 이렇게 여기 서 있을 거야."

나는 어쩔 수 없이 나미를 집에 들이고 방에 가둡니다.

"그 대신 이 방에서 나오면 안 돼요. 약속해요."

이렇게 말하고 방에서 나오려는데 나미가 따라 나옵니다. 나는 다시 방으로 나미를 들여보낸 후 신신당부합니다.

"안 돼요. 이 방에 있어야 해요!"

다시 파티로 돌아가려고 하는 순간. 어느새 나미는 내 뒤에 서 있습니다.

이 상황에서 내가 할 수 있는 선택은 두 가지예요.

1. 나미를 가두기 위해 문 앞을 지키는 대신 파티를 포기한다.

2. 나미가 돌아다니도록 허락하고 파티를 즐긴다.

여러분은 어떤 선택을 할 건가요? 대부분은 2번을 선택했을 거예요. 짜증은 나지만 파티를 포기하는 건 아까우니까요. 그럼 나미를 나의 우울이라고 생각해 봅시다.

여러분은 어떤 삶을 살고 있나요?

1. 나는 우울해. 이 우울을 해결하지 못하면 아무것도 못해. 이것을 완전히 해결하는 것에만 집중해야 해. 그렇지 못하면 나는 계속 불행할 거야.

2. 나는 우울해. 그래도 즐겁게 살자.

우울에 완전한 정복은 없어요. 강약의 차이가 있을 뿐 우리를 계속 따라다닐 거예요. 우울한 것도 억울한데 우울에 집착하다 마땅히 누려야 할 행복을 포기하고 있지는 않나요? 우울에 너무 집착해 마땅히 누려야 할 즐거움을 놓치고 있지는 않나요?

행복도
연습이 필요해요
/

'나는 행복한 일이 없어요.'

'저는 성격이 정말 부정적이에요.'

이렇게 생각한다면 당신은 엄연히 정상이에요.

인간의 뇌는 선천적으로 나쁜 일이나 비관적인 일에 더욱 몰두해요. 반면 좋은 결과에는 덜 주목하죠. 무서운 맹수로 둘러싸인 초원에서 살아남으려는 조상들의 마음 습관이죠. 그래서 소소한 행복들을 나도 모르게 흘려보내요. 이 행복들을 움켜잡기 위해서는 연습이 필요하답니다.

지금부터 소소한 행복을 잡는 두 가지 방법[23]을 소개해 드릴게요. 모두 우울을 줄이고 행복을 높이는 효과가 과학적으로 입증된 방법들이에요.

방법 1 세 가지 행운(3 Blessing)

일주일 동안 겪은 일 가운데 잘됐던 일, 운이 좋았던 일을 세 가지 뽑아 보세요. 그리고 그 이유도 함께 생각해 보는 거예요. 노트나 스마트폰에 메모한다면 더 효과가 좋겠죠. 방방 뛸 만큼 커다란 사건일 필요는 없어요. 단순하고 사소해도 충분합니다.

학원을 땡땡이쳤는데 안 걸렸다.

배고파 쓰러지듯 집에 들어왔는데 엄마가 삼겹살을 굽고 있다.

이번 주는 학원 숙제가 적었다.

스마트폰을 떨어뜨렸는데 멀쩡하다. 흠집 하나 안 생겼다.

이번 주 〈런닝맨〉을 보며 엄청 웃었다.

내 취향에 딱 맞는 재미있는 웹툰을 발견했다. 일주일의 즐거움이 하나 늘었다.

엄마가 치킨을 시켜 줬다.

길을 가다 우연히 보고 싶었던 친구를 마주쳤다.

이번 주말에 부모님이 집을 비웠다.

학교에서 단축 수업을 했다.

친구가 맛있는 것을 쐈다.

남몰래 좋아하는 그 애가 먼저 말을 걸어 주었다.

아빠가 퇴근길에 배스킨라빈스 하프 갤런을 사 왔다.

이번 주에 나의 최애 아이돌이 컴백한다.

나의 농담에 친구들이 빵 터졌다.

시험 문제를 찍었는데 정답이었다.

정말 사소하죠? 사소한 만큼 정말 많아요. 이런 사소한 행운과 행복은 누구에게나 매일 찾아와요. 아무리 고된 한 주였다 해도 조금만 주의를 기울이면 소소한 행복 세 가지는 쉽게 찾을 수 있어요. 세 가지 행복을 찾은 후 스스로 이렇게 질문해 보세요.

"이 일이 일어난 이유는 무엇일까?"

• 길을 가다 우연히 보고 싶었던 친구를 마주쳤다.
→ 이유: 친구와 텔레파시가 통해서, 그 친구도 나를 보고 싶어서 내 뒤를 쫓아와서.

• 나의 농담에 친구들이 빵 터졌다.
→ 이유: 나는 유머 감각이 뛰어나니까.

• 시험 문제를 찍었는데 정답이었다.
→ 이유: 내가 평소에 열심히 공부했으니까, 하늘이 나를 도와서.

'내가 똑똑해서, 내가 착해서'처럼 '나'를 중심으로 생각하면 더 기분 좋아질 거예요. 아무리 생각해도 이유를 찾을 수 없다면? 그러면 '나는 운이 좋아!'라고 생각하면 돼요.

그리고 가끔 노트나 스마트폰을 꺼내 이전에 기록했던 즐거운 일들을 재차 음미해 보세요. 나도 모르게 미소가 떠오른 내 모습을 발견할 수 있을 거예요.

+ 세 가지 행운 Blessing +

	세 가지 행운	이유
1		
2		
3		

방법 2 기댈 수 있게 해 줘서 고마운 사람들을 떠올려요

세 가지 행복을 떠올리고 그 이유를 생각해 봤다면, 자연스럽게 감사한 누군가가 머리에 떠오를 거예요. 한번 돌이켜 볼까요?

친구가 맛있는 것을 샀다.
남몰래 좋아하는 그 애가 먼저 말을 걸어 주었다.
배고파 쓰러지듯 집에 들어왔는데 엄마가 삼겹살을 굽고 있다.
이번 주에 나의 최애 아이돌이 컴백한다.

나를 기쁘게 해 준 친구와 가족, 더 멋지게 컴백하느라 고생해 준 최애 아이돌…… 모두 나를 행복하게 만든 사람들이죠. 그들이 그것을 의도했든 의도하지 않았든 뭐가 중요하겠어요. 잠시나마 나를 미소 짓게 만들어 주었으니 그것만으로도 충분해요. 그들에게 감사를 표현해 봐요.

'BTS, 너희들이 열심히 연습해서 컴백해 준 덕분에
나는 정말 행복해. 고마워!'

마음속으로 하는 감사는 조금 부족합니다. 최고의 방법은 직접 상대방에게 내 마음을 전달하는 것이죠. 만약 여의찮다면 스마트폰이나 메모장에 간단한 감사의 말을 적으세요. 그마저 귀찮다면 입 밖으로 소리 내어 말해 보세요. 따뜻한 마음이 더 오래 남을 거예요.

세 가지 행운 찾기와 감사하기, 이 두 과정을 하는 데는 10분이 채 걸리지 않아요. 일주일을 마무리하는 토요일 밤. 잠들기 전 딱 10분만 투자해서 나의 소소한 행복들을 꽉 움켜쥐어 보세요.

매일 만나는 일상 속에는 나를 기쁘게 만든 사소한 행운, 행복들이 도처에 있어요. 그런데도 우리는 이 행복들을 무신경하게 스쳐 지나보내죠. 우리가 지금 우울한 이유는 행복한 일이 없어서가 아니라 나를 찾아온 행복을 외면하기 때문일지도 몰라요.

그리고 우울을 모두 해결해야만 행복해지는 건 아니에요. 우울과 행복은 옆자리에 같이 앉을 수 있어요. 오히려 우울을 그대로 두고 즐거움에 집중할 때 우울은 작아질 거예요.

	나를 지탱해 준 고마운 사람들
1	
2	
3	

다시 찾아온 우울,
웃으며 맞이해요

우울은 어느 순간을 경계로 갑자기 좋아지지 않아요. 일진일퇴, 다시 말해 '왔다 갔다'를 반복하죠.

저도 마찬가지였어요. 화창하고 눈부시게 맑은 어느 날, 나무에 걸린 조각구름을 보며 '와, 이렇게 기분이 좋아도 될까?'라고 생각했어요. 그런 멋진 날을 보내고 그다음 날 갑자기 우울이 찾아온 거예요. 아무 예고도 없이. 학교도 가기 싫고, 침대에 엎드려 있었죠. 다시 돌아오는 데 며칠이 걸렸어요. 이런 식으로 우울의 갑작스러운 습격을 받은 것이 한두 번이 아니었죠.

하지만 지금은 습격이 잘 안 통해요. 어떻게 가능하냐고요? 바로 언제 우울이 찾아올지 알기 때문이에요. 제 우울은 주로 흐리고 쌀쌀한 날에 찾아와요. 더 자세히는 갑작스레 추워진 날에 찾아와요. 이

패턴을 알기까지 한참 걸렸어요. 정체를 깨닫고 불안이 훨씬 줄어들었죠.

이 밖에도 '누군가가 나를 피하거나 싫어한다는 느낌이 들 때' 우울이 찾아오곤 합니다. 다행히 '그 녀석이 오겠구나.'라는 마음의 준비가 충격을 한껏 줄여줘요. '그 녀석'을 상대하는 방법을 알게 된 것이에요. 아마 여러분의 '그 녀석'에게도 방아쇠가 있을 거예요. 그 방아

쇠를 찾아보세요. 모르고 당하는 것과 알고 대비한 후에 맞이하는 것은 천지 차이예요.

나만의 우울 패턴을 파악하는 것이 제가 가장 추천하는 우울 탈출 방법입니다.

나의 우울 패턴 찾기
/

- 급격하게 우울했던 날을 떠올려 보세요.
- 그리고 그날 어떤 사건이 있었는지, 어떤 환경이 우울을 불러왔을지 짐작해 보세요.
- 단서가 잡혔다면 자신의 우울이 언제 찾아올지 예측해 보세요.
- 예측이 맞았는지 확인해 보세요.

일자	짐작되는 원인	예측
		예) 급격히 쌀쌀해지는 날 우울할 것이다.
		1.
		2.
		3.

내 마음, 나 혼자서도 지킬 수 있어요

우울은 벗어났다 싶다가도 갑작스레 돌아옵니다. 그러니 언제든지 '그 녀석'을 맞이할 준비가 필요해요. 그 준비란 우울할 때 내가 할 일을 마련해 두는 일입니다.

우울의 파도가 다시 몰려올 때 제일 먼저 해야 할 일을 기억하나요? 네, 맞아요. '아무것도 하지 않기!'예요. 그 어떤 일도 해 볼 엄두가 안 나고 감정도 느끼지 못할 만큼 힘들 때는 모두 제쳐 두고 아무것도 하지 말아야 해요. 숙제, 시험, 친구, 학교…… 과감히 던지고 내 몸과 마음이 회복할 때까지 쉬어야 해요. 단언컨대 그것이 더 중요한 일이니까요.

그리고 조금 기운을 차린 다음에는? 더 즐겁게 쉬어야 합니다. 휴식은 정말 중요한 일이에요. 우리의 삶을 정서적으로 더 윤택하게 만들고, 더 나은 방향으로 이끌어 내는 '건설적이고 적극적인 활동'이거든요. 자, 그러면 어떻게 쉬어야 잘 쉬었다고 남들에게 자랑할 수 있을까요?

제 방법을 말해 볼게요. 제게는 우울이 찾아와 반드시 쉬어야 할 때를 대비해 일상적으로 반복하는 절차가 있어요.

1. 음악 들으며 따뜻한 물로 목욕하기. 음악 들으며 누워 있기.
   － 이런 음악을 추천해요! '꽃(정밀아)', '다 지나간다(김윤아)', 'What A Wonderful World(Louis Armstrong)', 유튜브 Piano Rain 시리즈
2. 잠 9시간 이상 자기.
3. 계란 푼 라면 먹으며 영화 보기(주로 액션 영화).
4. 배스킨라빈스 아몬드 봉봉, 자모카 아몬드 훠지 먹기.
5. 커피와 초코 케이크 먹기.
6. 조용한 음악 들으며 마음 챙김 하기.
7. 음악 들으며 등산하기, 밤 산책하기.
8. 강변에서 자전거 타기(음악 들으며).
9. 친구에게 전화하기.
10. 커피숍에 가서 온종일 만화책 보기.

이 중 1, 2, 3번은 필수로 거치는 과정이고요, 나머지는 기분에 따

라 바뀝니다.

　힘들 때를 위한 대비책을 세워 놓으면 굉장히 큰 도움이 된답니다. 여러분도 '그 녀석'이 찾아왔을 때 자신을 위로할 수 있는 나만의 실천 목록을 만들어 보세요.

+ 나만의 대비책 만들기 +

나에게 가장 행복감을 주는 대비책부터 순위를 매겨 만들어 보세요.

1	
2	
3	
4	
5	

따뜻하게, 다정하게,
마음이 훌쩍 차오르게

여러분이 괴로운 것은 여러분이 잘못되었기 때문이 아니에요. 끊임없이 스트레스를 주는 사회와 어른들의 잘못이 큽니다. '나는 왜 이 모양일까?'라고 힘들어하는 여러분. 어른으로서 진심으로 미안해요. 앞으로도 친구, 성적, 가족으로 인해 수없이 상처받고 우울함을 겪을 수도 있어요. 그때마다 여러분은 '나는 쓸모없는 사람이야.'라고 자신을 더 미워하게 될지도 몰라요.

그러나 아무리 힘들고 거친 세상이라 해도 당신을 구원해 줄 한 사람은 남아 있어요. 그 사람을 영국 드라마의 한 장면을 통해 소개해 드릴게요. 이 영드의 제목은 〈My Mad Fat Diray(내 미친 듯이 뚱뚱한 10대 일기)〉예요.

주인공 이름은 레이 얼(Rae Earl), 몸무게가 세 자릿수를 훌쩍 넘는 16살 소녀예요. 그녀는 아버지 없이 엄마와만 살고, 친구 관계는 엉망이고, 성적은 바닥입니다. 레이는 끊임없이 자신을 비난해요. 길 가는 사람과 눈만 마주쳐도 '넌 뚱뚱해. 돼지야. 보기 역겨워.'와 같은 환청이 들릴 정도죠. 이런 레이에게 친구 만들기는 번지 점프만큼 긴장되는 일이었어요.

그래서 레이는 자신을 가장 안전한 집 안에 가둡니다. 문을 걸어 잠그고 끊임없이 먹고 또 먹었어요. 뚱뚱해진 자신을 보며 다시 비난하고, 분노하고 심지어 스스로 때리고, 칼로 베었어요. 그녀는 결국 심각한 우울과 불안으로 힘겨워하다 정신 병원에 입원합니다.

죽고 싶을 만큼 엉망진창이 된 레이는 상담 치료사 캐스터를 찾아요. 캐스터는 어떻게든 돕고 싶었지만 자아존중감이 아예 없다시피 한 레이에게 캐스터의 목소리는 닿지 않습니다. 돌아오는 대답은 항상 똑같았죠.

"선생님, 전 정말 끔찍한 사람이에요. 저는 항상 모든 것을 망쳐요. 가족도, 친구도."

이제 레이와 캐스터의 대화[24]를 소개해 드릴게요. 이 대화 속에서 여러분을 구원해 줄 그 사람도 찾을 수 있을 거예요.

"엄마가 물어봤어요. 나와 잘해 볼 생각은 있냐고? 엄마 생각을 조금이라도 하는 거냐고. 제가 어떻게 대답한지 아세요? '알 게 뭐야. 전혀 관심 없어.' 진심이었어요. 엄마고 뭐고 귀찮아요. 저는 못 고쳐요. 미쳤으니까요."

"너는 미치지 않았단다. 그리고 좋은 딸이 되고 싶다면 먼저 너부터 너를 좋아해야 해."

"선생님 말씀대로 저도 저를 좋아해 보려고 노력했어요."

"……아니, 넌 항상 스스로 얼마나 나쁜 사람인지 설명하려 했어. 지금도 엄마 얘기를 하며 자신을 비난하잖니. '난 끔찍해요.'라는 생각을 증명하기 위해 너는 엄마도, 친구도 이용하고 있어."

레이의 얼굴이 순식간에 분노로 뒤덮였어요.

"맞아요. 저는 제가 끔찍해요. 그런데 선생님은 항상 '자신을 사랑해야지.'라고 말해요. 수개월간 똑같은 말만 되풀이하잖아요! 지긋지긋해요. 정작 선생님은 어떻게 해야 나를 좋아할 수 있는지 방법은 알려 주지 않았어요. 언제, 어떻게, 무엇을 해야 하는지, 단 한 번도 말해 준 적이 없다고요!!"

둘 사이에 침묵이 흘렀죠. 눈을 감고 있던 캐스터는 무언가 결심한 듯 입을 열었어요.

"그럼 해 보자."

"네?"

"내일도, 다음번도 아닌 지금 당장 시작해 보자. 눈을 감아."

무거운 목소리에 레이는 못 이기는 척 눈을 감았어요.

"지금 너의 무엇이 싫은지 말해 봐. 머리 굴릴 생각하지 말고, 있는 그대로 솔직하게."

"알잖아요? 저는 뚱뚱해요. 못생겼고요."

"그리고?"

"모든 걸 망쳐요. 친구, 엄마까지도."

"그래. 그럼 언제부터 그렇게 느꼈는지 생각해 보자. 몇 살부터였니?"

"모르겠어요. 여덟, 아홉 살 정도일 거예요."

"무척 오래된 생각이구나. 그럼 이제 눈을 떠라."

레이의 얼굴에는 여전히 의심과 분노가 가득했어요.

"지금부터 내가 시키는 대로 해라. 여덟 살인 너를 상상해 봐. 그 아이는 지금 저 소파에 앉아 있다."

손가락을 따라간 자리에는 한 소녀가 앉아 있어요. 무심한 표정으로.

"그 소녀는 자기가 뚱뚱하고, 못생기고, 창피하다고 처음으로 생각하기 시작했어."

의자에 앉은 소녀는 고개를 숙여요.

"그럼. 이제 저 애에게 말해 보렴. 너는 뚱뚱해."

레이의 두 눈이 휘둥그레졌어요.

"저 어린애에게 말해 봐라. 너는 못생겼어."

"싫어요."

"아니, 해야 돼. 저 애한테. 너는 창피해. 너는 아무 가치 없다고 말해 봐."

"하기 싫어요."

"너는 아무 데도 쓸모없는 애라고 말해 봐. 바로 그게 네가 스스로에게 하는 말이지 않니. 매일같이 넌 너를 그렇게 설득하잖아! 창피하고 쓸모없다고!"

"……."

"저 애가 정말 못생겼니?"

"아니에요."

"아니라고? 그럼 뚱뚱하니?"

"아니에요!"

레이는 울고 있었어요.

"아니라고? 그럼 멍청하고 창피하구나?!"

"그만! 그만 좀 하라고요! 아니에요!!"

"……."

"아니야. 아니라니까."

레이는 흐느끼며 중얼댔어요. 한참 뒤 캐스터가 물었어요.

"그럼 저 아이에게 뭐라고 말해 줄 거니? 저 애가 '나는 뚱뚱하고 쓸모없

는 아이예요.'라고 말한다면 뭐라고 대답할 거야?"

얼굴을 든 레이 앞에 고개 숙인 소녀가 있어요. 소녀는 흘끔 레이를 훔쳐

봤죠. 레이는 소녀를 안타까운 표정으로 한참 바라보다가 입을 열었어요.

"……고개 들어도 돼. 너는 지금 그대로도 괜찮아…… 충분해."

"바로 그게 네가 스스로에게 해야 할 말이야. 무섭고 불안할 때마다 네가

너를 달래야 해."

"……."

"지금 네가 저 소녀를 달랬던 것처럼."

조금이지만 소녀의 고개가 들렸어요. 레이는 소녀를 보며 웃었어요.

"응. 괜찮아. 모두 괜찮을 거야."

소녀의 눈에도 레이처럼 눈물이 고였어요.

"자신에게 말해 주렴. 괜찮을 거라고. 네가 그렇게 할 수 있다고, 노력한다고 약속한다면…… 내가 보증하마. 그렇게 하면 너는 무엇과도 맞닥뜨릴 수 있어. 그러니 지금 당장 시작하자. 다음번도, 내일도 아닌. 지금 바로 여기서."

'뚱뚱해, 못생겼어. 멍청해. 나를 쓸모없어.'

우울에 빠진 레이를 구원해 줄 사람이 나타났어요. 누굴까요? 캐스터 선생님? 아니오. 캐스터 선생님은 구원자를 소개해 줬을 뿐이에요. 캐스터가 소개해 준 구원자는 바로 레이 자신이었죠. 제가 소개해 줄 구원자 역시 똑같아요.

여러분을 구해 줄 유일한 구원자는 바로 자신이에요.

자기 자신을 좋아하는 데 조건을 붙이면 안 돼요.

'살이 빠지면, 등수가 높으면, 연애를 하면, 부모님이 인정해 주면, 친구들이 좋아해 주면…… 그러면 나는 괜찮은 아이야.'

이렇게 '괜찮은 사람' 앞에 조건이 달라붙는 순간, 행복은 저만치 도망가 버릴 거예요. 나 자신을 괜찮다고 여기고, 나 자신을 좋아해 주세요.

남들의 시선이 신경 쓰이고, 남들이 뭐라고 하면 "그래서 뭐? 어쩌라고?"라고 말해요. 그 누가 뭐라던 당신만은 스스로 이렇게 말해 주세요.

따뜻하게, 다정하게, 마음이 훌쩍 차오르도록.

"괜찮아. 네 잘못이 아니야.

너는 지금 그대로 참 괜찮은 사람인걸.

내가 계속 너를 아껴 줄게.

무슨 일이 있어도, 누가 뭐래도 난 널 사랑할 거야."

1 이상현 · 성승연 저, '분노사고와 분노표현에 있어서의 자기-자비의 완충 효과', 「한국심리학회지: 상담 및 심리치료」, Vol.23, 2011, No.1, p93-112.

2 마틴 셀리그만 저, 윤상운 · 우문식 역, 『마틴 셀리그만의 플로리시』, 물푸레, 2011

3 중앙일보 헬스미디어, '우울증 환자, 자살 생각 왜 하게 되는 걸까', 중앙일보, 2016.06.23

4 Neff, K. D., 'Self-Compassion, Self-Esteem, and Well-Being'. 「Social and Personality Psychology Compass」 5(1), 2011, p1-12.

5 Aaron T. Beck 저, 원호택 외 역, 『우울증의 인지치료』, 학지사, 2001

6 권석만 저, 『현대 심리치료와 상담이론』, 학지사, 2012

7-9 알프레드 아들러 저, 신진철 편역, 『열등감, 어떻게 할 것인가』, 소울메이트, 2015

10 정성훈 저, 『사람을 움직이는 100가지 심리법칙』, 케이앤제이, 2011

11 SBS <궁금한 이야기 Y>에서 방송되었던 신체화 증후군에 관한 이야기

12 틱낫한 저, 『화』, 명진출판, 2002

13 박재항 저, 『마음담금질』, 보민출판사, 2012

14 엘리스는 1982년에 미국, 캐나다에서 심리 치료사를 대상으로 실시한 조사에서 정신 치료에서 가장 큰 영향을 끼친 치료자 2위에 오르기도 했습니다. 1위는 인간 중심 치료의 창시자 칼 로저스(Carl Rogers), 3위는 정신 분석학의 지그문트 프로이트였다고 합니다.

15 이민수 · 이민규 저, '한국우울증척도의 개발', 「신경정신의학」 Vol.42 No.4, 2003, p492-506.

16 박용천 저, '우울증의 비약물학적 치료', 「대한의사협회지」 Vol.54 No.4, 2011, p376-380 수많은 연구에서 운동의 우울감 치료 효과를 약물, 상담만큼 우수하게 평가합니다. 그래도 굳이 효과의 순위를 매겨 보면 약물 > 상담 ≥ 운동이라고 할 수 있습니다.

17 신은희 저, '청소년의 수면시간과 우울 및 자살생각과의 관계', 「대한불안의학회지」 Vol.14 No.1, 2018, p21-27

18 김신형 · 박철수 · 김봉조 · 이철순 · 차보석 · 이동윤 · 서지영 · 최재원 · 안인영 · 이소진 저, 'The Association between Suicidal Ideation, Anxiety, and Sleep Quality Among College Students in a City', 「대한수면의 학회지」, Vol.24, No.1, 2017, p55-61

19 Marjorie E. Weishaar 저, 권석만 역, 『아론 벡 : 인지치료의 창시자』, 학지사, 2007

20 Aaron T. Beck 저, 원호택 외 역, 『우울증의 인지치료』, 학지사, 2001

21 이 외에도 유튜브에 '마음 챙김'이란 검색어를 입력하면 좋은 음악과 마음
챙김 훈련을 함께할 수 있는 영상이 많이 있습니다.

22 Steven C. Hayes · Spencer Smith 저, 문현미 · 민병배 역, 『마음에
서 빠져나와 삶 속으로 들어가라』, 학지사, 2010

23 이 기법들은 아래 연구를 통해 우울감을 낮춰 주는 것으로 검증되었습니다.
Seligman, M. E. P., Steen, T. A., Park, N., & Peterson C., 'Positive
psychology in progress. Empirical validation of interventions',
「American Psychologist」 60, 2005, pp. 410-421.

24 <My Mad Fat Diray>의 내용을 바탕으로 이 글의 주제에 맞게 각색한
대화입니다.

사춘기라 그런 게 아니라
우울해서 그런 거예요

초판 1쇄 발행 2021년 4월 10일
초판 9쇄 발행 2023년 7월 10일

지은이 양곤성
펴낸이 이지은 **펴낸곳** 팜파스
기획편집 박선희
디자인 조성미 **마케팅** 김서희, 김민경

출판등록 2002년 12월 30일 제 10-2536호
주소 서울특별시 마포구 어울마당로5길 18 팜파스빌딩 2층
대표전화 02-335-3681 **팩스** 02-335-3743
홈페이지 www.pampasbook.com | blog.naver.com/pampasbook
이메일 pampas@pampasbook.com

값 13,800원
ISBN 979-11-7026-399-9 (43180)